经济学

的

意义

The
Meaning
of
Economics

姚洋 著

机械工业出版社
CHINA MACHINE PRESS

图书在版编目（CIP）数据

经济学的意义 / 姚洋著 . —北京：机械工业出版社，2023.1
ISBN 978-7-111-72739-2

I . ①经… II . ①姚… III . ①经济学 - 通俗读物 IV . ① F0-49

中国国家版本馆 CIP 数据核字（2023）第 037999 号

机械工业出版社（北京市百万庄大街 22 号 邮政编码 100037）
策划编辑：白　婕　　责任编辑：白　婕　闫广文
责任印制：郜　敏　　责任校对：龚思文　张　薇
三河市宏达印刷有限公司印刷
2023 年 4 月第 1 版第 1 次印刷
147mm × 210mm · 9.625 印张 · 3 插页 · 196 千字
标准书号：ISBN 978-7-111-72739-2
定价：89.00 元

电话服务　　　　　　　　网络服务
客服电话：010-88361066　　机 工 官 网：www.cmpbook.com
　　　　　010-88379833　　机 工 官 博：weibo.com/cmp1952
　　　　　010-68326294　　金 书 网：www.golden-book.com
封底无防伪标均为盗版　　机工教育服务网：www.cmpedu.com

　　决定写这本书，完全是因为机械工业出版社编辑的鼓励和督促。我本来想请机械工业出版社出版我的一本文集，并推荐我的两位硕士生潘洋洋和宁江源协助整理我的文章。但编辑读了两位同学收集整理的文章之后，独独看上了一篇根据我给本科生做的一次内部分享整理的文章《经济学的意义》，并邀请我写一本面向普通读者的经济学科普读物。

　　为公众写作，对我来说并不陌生，在参加工作的头十几年里，我写了许多面向一般公众的经济学普及性文章。但过去十来年我更多地参与对政府政策的讨论，面向公众的写作反倒少了。机械工业出版社编辑重新燃起了我为公众写作的热情，但因为行政事务缠身，时间变得碎片化，我担心无法抽出完整的时间来写一本书。编辑因此建议，由潘洋洋、宁江源两位同学对我进行访谈，并对访谈记录进行初次整理，再交给我修改和补充，并最后定稿。这样，一来节省我的时间，二来也会让行文变得轻松，便于一般读者阅读。我被他们的劝说打动，决定试一下。

于是，潘洋洋和宁江源用两个月的时间对我进行了七次访谈，最终形成了本书正文除第七章之外的章节。第七章是根据我十几年前的一篇演讲稿加工而成的。那次演讲是在北京大学出版社组织的一次培训班上做的，题目是"如何发表高质量经济学论文"，之后不知被哪位热心人整理出来并挂在网上，传播甚广。洋洋和江源精心准备了访谈提纲，提问很专业，为我节省了许多构思的时间。他们的整理工作也非常高效、精准，既修改了访谈中过于口语化的表述，又保留了轻松的行文风格，让我最后的修改变得十分容易，不必字斟句酌，我的语句就像说话一样流淌出来。因此可以说本书是我们三个人合作的成果。

中国当前所处的时代，经济发展仍然是主题，经济学成为显学不足为奇。然而，经济学是否真能够"经世济民"？我的看法是，经济学不可能成为像自然科学那样的科学，因此，经济学不可能像自然科学那样精确地指导政府、企业或公众的经济活动，更不可能教一个人如何发家致富。经济学家能够做的，不是为改造世界开药方，而是对已经发生的经济现象给出解释，发现其中的因果关系，并最终形成影响社会的思想。这是在一个复杂世界里经济学家的专业定位。改造世界是政府官员、企业家和关注社会走向的民众做的事情，经济学家的任务是为这些实践者提供历史的经验。相较于其他社会科学家，经济学家的优势在于经济学拥有完整的理论体系，经济学的解释具有逻辑一致性，这不仅有利于别人来批评，而且也有利于学科的发展。

那么，普通人为什么要学习经济学呢？因为经济学提供了一套看世界的方法。人是社会性动物，而经济活动是人类社会最为重要的活动，如果不知道经济活动是如何运作的，那无论如何也是一个人的缺憾。网络上各式各样的"愤青"很多，各式各样的阴谋论和阳谋论也很多，而且很受欢迎，究其原因，是当下许多人还缺乏理性思考的能力。经济学的理论大厦起于理性人假设，终于对事物的理性分析。普通人学习经济学，不仅可以丰富自己的人生，而且可以避免或少在网络上发表极端言论。

对于那些立志以经济研究为职业的年轻人来说，又该如何学习经济学呢？我觉得，除了学好经济学的理论和方法之外，还要像马克斯·韦伯说的那样，把经济学作为一种"志业"，而不仅仅是一种"职业"。职业是谋生的手段，志业是与研究对象产生共鸣，把他们的事业变成自己的事业。这在当代中国更加重要。说得俗一点儿，经济学是当前中国的显学，经济学家不利用这个机会去宣扬自己的学说，岂不是错失了雁过留声的大好机会？

我给自己的研究定了两个"有用"标准：一是对于理解（甚或建设）中国有用，二是对于经济学科的进步有用。我希望这本书也是"有用"的，即能够让普通人对经济学有所了解，让学习经济学的年轻人看清经济学研究的方向。

2022 年 10 月 6 日
于北京昌平沙河

CONTENTS

目录

第一章

经济学是什么，不是什么

THE MEANING OF
ECONOMICS

普通人对经济学的误解

普通老百姓认为经济学是无所不包的学问，从理财、买房到国家政策，全都包含其中，因此，在日常生活中遇到各种各样的问题都希望经济学家给出答案。比如，大家觉得既然你是研究经济的，那么请你告诉我哪只股票该买，房价是涨还是跌，该在哪个地方买房子，等等。但很多时候经济学家并不能够很好地回答这些问题。

这就引起了普通人的疑惑，甚至我的家人也经常会问，为什么你作为知名经济学家，投资还总是赔呢？我们 MBA 班的学生也有同样的问题。在 MBA 项目刚刚开办的时候，很多人来了之后就说，你能不能直接教我怎么赚钱，或者怎么才能换一个更好的工作。然而事实是，经济学教育——即使是像 MBA

这种应用型的管理教育——恐怕也教不了大家怎么去赚钱和怎么去找一个好工作。

我觉得这背后是一个科研和现实之间的差距问题。比如你去问一个物理学家，说那边有一辆非常好看的奔驰车，能不能给我造出来？物理学家面对这种问题会哭笑不得，说我不懂这些啊！普通老百姓就会说，你怎么可能不懂呢，汽车不也是基于物理原理造出来的吗？如果退回到瓦特的时代，恐怕这么说是有道理的。瓦特当时是格拉斯哥大学[⊖]一个教授的助手，他们看到一个奇怪的、能干活的机器，就开始研究怎么改良它。在那个分工尚不充分的时代，如果你是某个物理领域的专家，那你就一定要懂得机器应该如何运转和制造。但是现在不一样了，因为学科划分得越来越细，每个学科都形成了自己的规范，彼此之间有时候都不了解，更不要说和现实之间的距离了。经济学作为一门研究经济的学科，也是用自己的一套规范的研究方法去理解经济现象。

经济学家将经济学定义为研究人的经济行为的科学。这当然是一个非常宽泛的定义，因为不仅是经济学家在研究人的行为，社会学家、政治学家也可以说自己是在研究人的行为，甚至小说家也可以这么说——20世纪80年代流传过"文学是人学"的说法，认为文学就是剖析人性的学问。但在理解人的行

⊖　格拉斯哥大学（University of Glasgow），英国综合性公立古典大学，始建于1451年，位于苏格兰地区的格拉斯哥市，是英语世界国家第四古老的大学。

为上，每一个学科都有自己独特的视角。经济学的独特之处在于，它在理性人假设基础上，构建出一套完整的分析框架，然后用这套分析框架去分析人的行为，包括人在市场中的行为、人与人互动的行为。经济学与其他社会科学的最大不同，就在于对人性的假设上。经济学家就是基于这么一个简单的理性人假设，用一套科学的研究方法，构建起了完整的经济学理论大厦。

经济学家和普通人不一样的地方在于，经济学家是做学问的，就是用这套模型去分析现实中的人的行为，去解释一系列经济社会现象。经济学家未必就知道怎么去炒股、怎么去买房子，因为经济学家的主要工作是理解和解释现实，而不是参与市场活动去赚钱。做学问和实际操作，两者的差距是非常大的。

理性人假设

那为什么科研和现实之间有如此大的差距呢？这就需要我们对经济学到底是什么、不是什么有更为深入的理解。刚才我们说到，经济学作为研究人的经济行为的学问，是建立在理性人假设这一基础之上的，那么，什么是理性人假设？

经济学家说的理性人假设有两部分：第一，人都是自利的；第二，人有计算能力。有人会说，自利似乎很容易理解嘛，不就是自私吗？但自利不等于自私，出于自利的目的也可以产生利他的行为。比如，迷失在旷野里的两个人相互帮助，可以是完全出于自利的目的，因为两个人都需要对方的帮助。恋爱中的男女大概也会出现这种情况，因为要满足自己的爱，双方都对另一方好。从广义上讲，参与市场活动的每个人都出于自利的目的进行交易，但最终却能够促进社会产出提高，达到利他的结果。这就是亚当·斯密○所说的"看不见的手"。计算能力说的是，一个人有能力收集、处理信息，计算得失并采取对自己有利的行动。

如果在完整理性的层面上，理性还包括第三部分，即人要对未来可能出现的状态以及不同状态出现的概率有完整的了解。这就是说，你不仅要知道现在发生了什么，而且要知道未来可能发生什么，且对于不同的可能给出发生的概率。完整理性包括我们对未来的预期。

理性人假设的渊源

对理性人假设的争议很大。从渊源上说，这是一个来自西方的概念。中国古代也有经济学，比如司马迁在《史记·货殖列传》中的记载，但这些只是一些想法，并没有系统化。中国人习惯经验总结，不习惯理论归纳。当然，西方的经济学理论归纳也是很晚近的事情。

理性人假设可以追溯到霍布斯○。霍布斯在构建他的政治学

○ 亚当·斯密（Adam Smith，1723—1790），苏格兰启蒙运动思想家、现代经济学之父。代表作《国富论》《道德情操论》。
○ 托马斯·霍布斯（Thomas Hobbes，1588—1679），英国政治家、哲学家，代表作《利维坦》。

理论的时候，选取了一个单一的人性，即人都有自保的倾向，这个倾向导致人有三个特性，即竞争、猜忌和保护荣誉，它们是导致人与人之间争斗的原因。洛克⊖继承了霍布斯自利的假设，并在此基础上推导出自由主义政府。启蒙运动开始之后，理性主义兴起，挑战教会的权威。这在苏格兰表现得尤为彻底。弗朗西斯·哈奇森⊖是苏格兰第一个挑战教会绝对权威的人。按照基督教的说法，人的道德感来自上帝，这是不可追问的，人生下来就有罪，因此一生都要遵从上帝的教导去赎罪。哈奇森却认为，道德在每个人的心中，我们每个人都能够判断什么是对的，什么是错的。这听起来像王阳明的心学——王阳明本来相信朱熹的理学，想通过格物致知获得道德，但他和朋友格竹子格了七天七夜，除了两眼昏花之外，什么都没有格出来，最后在龙场顿悟，发现道德就在自己的心中。

但是，人作为自己道德的主人之后，很快就出现了一个问题：我们怎么才能保证人的理性不会最终导致一个人欲横流的社会？这是亚当·斯密思考经济学理论的初衷。我们一般说现代经济学起源于亚当·斯密撰写的《国富论》，但是亚当·斯密本身就是非常重要的启蒙思想家，他自己又受到了同时代苏格兰启蒙运动其他思想家的影响。当时最有影响的、持续时间较长的一个沙龙叫作"选择学会"（Select Society），主要活动场所

⊖ 约翰·洛克（John Locke，1632—1704），英国哲学家和医生，代表作《政府论》《人类理解论》《论宽容》。
⊖ 弗朗西斯·哈奇森（Francis Hutcheson，1694—1746），苏格兰哲学之父，代表作《论人类的社会本性》《论美》。

在爱丁堡，聚集了苏格兰启蒙运动的一批思想家。那时候斯密在格拉斯哥大学教书，而英国当时已经开通了城市间的定期邮车系统，他可以每个月搭一次邮车，用一天的时间赶到爱丁堡，参加晚上的聚会，然后第二天早晨再赶回格拉斯哥。选择学会的一个领袖是苏格兰大法官凯姆斯勋爵（Lord Kames），他提出一种说法："人生而占有。"（Man is created to possess.）这其实就是自利的另外一种说法。自利是人性的一部分，斯密恐怕接受了这个观念。

启蒙运动要摆脱宗教的束缚，恢复人性。人自己可以为自己立规，或者说良心就在你的心中。什么叫道德？亚当·斯密说，道德就是居住在你心中的那个人的想法，你自己就可以感知到什么叫道德。但在这样的一个世界里，人往哪里走呢？亚当·斯密说我们可以通过市场来释放人性，市场就像"一只看不见的手"，每个人在为自己利益服务的时候，他也在为社会创造价值。市场不是亚当·斯密发明的，甚至也不是西方发明的，美索不达米亚的各个远古文明已经出现了市场经济，中国最迟到北宋也出现了较为完整的市场经济。亚当·斯密的贡献在于从理论上为市场提供了一个基础，即市场的作用是疏导人性，让自利的个体通过自发的选择最终达到促进社会福利改善的目的。

理性人不是人性的全部

从亚当·斯密这里开始，理性人成了经济学的核心假设。

但是要注意，理性人只是一个假设。它是不是人性的全部？恐怕不是。儒家对人性的看法就要宽泛得多。孔子说，"唯上知与下愚不移"〇，"中人"可教。意思是人生而不同，有些人生下来就是圣人，有些人可能就要做小人，但中间那部分人都可以通过教育变得更好。孟子说人有"四端"〇，有仁、义、礼、智的向善倾向，但也要通过自己的修炼、接受教育，才能发挥四端，最终成为圣人。这和理性人假设在人性认识上是不一样的。

现代生物学家也告诉我们，哪怕是灵长目生物——比如我们的近亲黑猩猩——也已经有某种道德感。德瓦尔写的《黑猩猩的政治》，就很值得一读。这本书写得非常好，非常生动。德瓦尔描写了荷兰阿纳姆动物园中圈养的一个黑猩猩群落，他通过10多年的观察和记录来分析黑猩猩的行为。德瓦尔的主要结论是，黑猩猩有比较强的社会性。比如，通常我们会以为一只雌黑猩猩生了孩子之后，别的黑猩猩是不会照管她的孩子的，但是德瓦尔就发现有一只雌黑猩猩会帮大妈妈（群落中最年长的雌黑猩猩）带孩子。雌黑猩猩一生都可以生育，不像人类到一定年龄之后就不再生育。很奇怪的一点是，为什么那只雌黑猩猩要去帮大妈妈带孩子？有人批评德瓦尔的书太过拟人化了，认为黑猩猩是野兽，不能拿人的想法去度量。但德瓦尔这种长期的观察确实表明，黑猩猩在某种程度上是有同理心的。

〇 《论语·阳货》。
〇 《孟子·公孙丑上》："恻隐之心，仁之端也；羞恶之心，义之端也；辞让之心，礼之端也；是非之心，智之端也。人之有是四端也，犹其有四体也。"

　　这种同理心其实连狗都有。有人讲过一个故事，停车场里有一群野狗，其中一只狗被一辆车给轧死了，其他狗就为这只狗复仇，把那辆车的轮胎全给咬坏了。你用理性是无法解释这种行为的，因为从纯粹的理性来看，咬轮胎其实并不能帮助这些狗。

　　当然，理性人的讲法也是有科学基础的。生物学界有一个学者叫道金斯，他写了一本书叫《自私的基因》，影响很大，且已经超出了生物学界。但是他走"过"了，他说基因本身就是自私的。比如他说，人体是一架机器，具体的模式是由基因决定的，我们有手有脚，有心有肺，手脚、心肺怎么协调起来工作，都是由基因决定的。心脏是自私的，因为它想自己延续下去，但它靠自己活不下去，所以它需要肺。极端的经济学家往往也是从完全自私的角度去解释合作问题，但实际上很多时候是行不通的，通过对黑猩猩群落的观察，对原始社会的观察，我们都发现这种解释是不太可行的。

　　总而言之，是想告诉大家，理性人只是一个假设，并不是人性的全部。

理性人假设对于经济学的意义

　　但经济学的神奇之处就在于，在这么一个简单的假设之上，我们可以写出那么美妙的数学模型来。我们现今所谓的新古典经济学是谁建立的？这在很大程度上要归功于萨缪尔森，他写了《经济分析基础》，但将经济学大厦最终建构完整的应该是阿罗和德布鲁，他们俩因此得了诺贝尔经济学奖。⊖《经济分析基础》这本小册子是用拓扑学⊜的数学语言写的，而至今我们的研究生教育也没达到这一步。

在这么一个简单的假设之上，我们却可以用很先进的数学工具来刻画人的行为和整个经济系统，这是经济学了不起的地方。当我们再回过头来研究现实的时候，发现很多现象是符合模型的，是可以被模型解释的，这也是经济学很了不起的地方。在这个意义上，经济学有点像自然科学中的物理学。比如理论物理学，也是用数学工具构建理论模型，然后把理论模型再用到现实中，去做一些预测。在这一点上，经济学已经接近物理学了，这是很了不起的，是其他社会科学做不到的。

为什么其他社会科学做不到呢？因为在其他社会科学中每个人都有不同的假设，起点不一样，有人假设人就是自利的，有人说不，认为人是社会人，因而推出的理论自然完全不一样，最后大家就是在争论谁的假设是正确的。我跟社会学家也有过接触，至少某些社会学家觉得社会学没有进步，而最重要的原因就是社会学不像经济学那样有一个严谨的、公认的假设，所

以总是在原地打转，顶多只能做一些描述。政治学恐怕也有同样的问题，大家不能认可一个最基本的假设，你这么说有道理，他那么说也有道理，那就没有办法真正建构起一座大厦。

理性人假设面临的争论

当然，理性人假设还存在很多不足和局限。比如我们做过研究，邀请北京大学的学生来做实验，在计算机上参与一个博弈游戏，然后再向他们提出一些认知问题，最后发现的确是学经济学的学生更加"理性"，相信自利是没错的。人都是这样，你学什么就会慢慢信什么。这也是研究经济学的一个危险，我们不知不觉就以为人都应该是自利的，其他的都没有了。当然这是没有学懂经济学，这种人根本没有明白，我们只是在一个假设下面去做研究而已。

其他学科的学者也经常对经济学提出批评，说我们经济学家就会搞那点小算计。经济学家里也有很多人指出理性人假设是有问题的，比如 2017 年诺贝尔经济学奖得主、芝加哥大学商学院的塞勒就说理性人假设是错的。比如，通过理性人假设推断出来的一个很重要的结论，就是人在决策时不应该考虑沉没成本[⊖]，但是我们观察到在现实中这并不成立。比如你买了橄榄球赛的门票，但比赛当天刮风下雨，或者下大雪，按理说你就不应该去看球赛，因为橄榄球场全是露天的，冷得要死，你完

⊖ 沉没成本，是指已经发生且无法回收的成本支出。

全可以坐在家里看电视，但为什么还有那么多人去呢？原因是，他们大多觉得自己都已经花钱了，不去看浪费了。塞勒提出心理账户的概念来解释个体在做消费决策时的非理性行为，即每个人在心里构建了不同的账户，一个账户里的钱只有一个消费目的，一般情况下不会交叉使用。但这也并不能完全解释沉没成本的问题。

人的行为的的确确不是完全理性的，但我想主流经济学家的回答会是这样的："好吧，我也同意理性人假设不能反映人性的全部，但是你能给我一个更好的假设吗？"

换句话来说，理性人假设是单一的、完整定义的，但是对于所谓的非理性行为，其他的假设可能有成千上万种，有些人可能更偏向利他，有些人可能更偏向利己，有些人心理账户意识强烈一些，有些人心理账户意识弱一些，那我们到底该采用哪一种假设？如果我们确实能够找到一个比较公认的假设，在这一假设基础上还能推导出一座理论大厦，甚至比现有的理论大厦更完整，能解释的东西更多，那我估计经济学家都会愿意接受。但目前看来还没有这种新的假设。

现在金融学领域发展最快的分支是行为金融学（Behavioral Finance）。它的贡献是，不再设定理性人假设或者其他假设，完全从个体的行为出发进行分析，并构建一个模式（Pattern）。行为金融学研究出了不少成果，也有人以此获得了诺贝尔经济学奖，但问题在于，我们总觉得缺了点什么，因为对于这种基于观察总结出的行为常态，我们会问它是不是"保险"的。随着大数据的兴起，自然科学界也有一些人认为不再需要理论，只要观察就行了，数据告诉我们的是什么就是什么，反正理论也是一个总结出来的模式。

但我想大家对这种方法可能不会太满意。比如脑科学，很神奇的一点就是我们能认知宇宙，但我们对人脑的认识完全是碎片化的。有人研究出来大脑的某一块是做什么的，但是怎么把不同的"块"连接起来，我们好像并不清楚。在这个意义上，行为经济学也是在盲人摸象，这里摸一点那里摸一点，并没有形成系统的理论。那会不会有一天我们把人的大脑都研究透了，提出一个更加完备的假设，然后所有社会科学都能接受？不太好说。

我们需要承认的是，理性人假设确实没有办法完全涵盖人的多样性想法和行为，但在平均意义上这一假设能够提供的观察是很敏锐和准确的。举例来说，经济学中比较准确的预测是在市场行为上。经济学预测当价格提高的时候，需求就会下降，这是从理性人假设出发推导出来的结论。而在现实的大样本的情况下，就平均意义而言，市场确实是按照理性来运行的。有人还曾经做过一个计算机实验，设定一个初始金额让计算机自动去做交易，只给一个限定条件，就是不能亏本，最后发现计算机自动交易的过程也是涨价少买，跌价多买，跟我们在市场上观察到的行为是一样的。

一个最简单的理性人假设，一种出于自保的行为，最终就产生了我们所观察到的市场宏观现象。芝加哥学派经济学家关于理性人假设的一种说法就是：没关系，你要是能找到一个比理性人假设更好的替代假设，我可以接受，但是我现在用理性人假设分析市场，得到的结论和现实是最吻合的，所以我继续用。目前存在的一些假设和理论，有一部分确实是更好的替代，但问题是它们没法进行全面解释。比如塞勒的理论，它可以解释一些行为，但是你要用它去解释整个市场，就做不到了。我想这也是理性人假设的一个非常强有力的地方。

学经济学能赚钱吗

现在再回到最初提到的普通老百姓的疑问和对经济学的种种误解。一方面可能是普通人对经济学缺少了解，另一方面是和经济学本身的假设有关。经济学家从一个带有一定特殊性的假设出发，然后推演出来一套理论，最后再运用这套理论去解释现实。所以从本质上说，经济学是带有解释性质的，而这种解释代表的是平均状态，是一般情况。

但是如果你想要赚钱，只知道平均状态是不行的，赚钱必须关注极值。这也是经济学家好像很懂经济运行的规律，但是到了实操方面，他未必能比得过一些普通人的原因。像我们北京大学国家发展研究院（简称国发院）的宋国青老师，芝加哥大学经济学博士，他弟弟是个初中生。他教会了弟弟怎么交易期货，而且是交易国际期货，结果他弟弟赚到钱了，他没赚到钱。现实中赚钱把握的就是极端的情况，需要敢于冒险。而经济学家可能会瞻前顾后，考虑的既有这个影响因素，又有那个影响因素，等你考虑完了机会已经没了。宋老师的弟弟可能就知道一个最简单的"追涨杀跌"的道理，再加上一点冒险精神，他就冲进去了。所以在市场上要赚钱，一定要赚极值的钱，创新也一定要找一个自己能垄断的地方，而经济学家是很反感垄断的，有了垄断，做研究、写模型都很艰难。

除此之外，还有一些原因。所谓的炒股、买房子，其实也是专门的学问，是做金融的人专门去研究的。金融学以前是经济学的一个分支，但现在慢慢变成了一门独立的学问，包括股市、债市等，还有房地产，也是金融学研究得更多。

一个金融学家天天研究什么情况下可以赚钱，但即使研究透了，他也未必能赚到钱。第一是金融极其复杂，第二是现实瞬息万变。你把某个方面研究透了，然后去赚钱，但很快大家都知道怎么按照你这个方法去赚钱了，这样市场就会回归均值，谁也赚不到钱。除非你不告诉别人你的方法，但即使你不告诉别人，人家通过你的买卖行为，也能很快推断出来你的方法，所以你早晚会赚不到钱。第三是时间投入的问题。比如有些老年人炒股反而能赚到钱，因为他们愿意花时间天天在那儿看盘，而一个金融学家不可能天天盯着屏幕去看盘。金融学家能够指导大家的只是一些基本的规则，具体要应用到哪些股票上面，那是你自己的事情。

我们一定要把学问和实操分开，**学问是要总结普遍的规律，实操一定是应用个性化的策略**。在解释现实这个方面，经济学其实和历史学、社会学、政治学差不多，都是总结经济社会运行的规律。我们需要对人类社会的经济活动、社会活动、政治活动有更深入的了解，这是做学问的用处。但这些学问的预测功能并不好，经济学并不能保证你赚到钱。在实操上，如果你没有一个个性化的投资策略，没有投入足够多的时间和精力，没有找到市场上能够产生超额收益的地方，那么你是赚不到钱的。

经济学是经世济民的学问吗

刚才我们一直在谈赚钱，可能显得比较"俗"，但是有的人会把经济学看得很"高大上"，说经济学是"经世济民"的学问，因为在中文里，"经济"就来源于"经世济民"这个词。

在我个人看来，经济学还是带有这种成分的。比如我们有些经济学家在研究一个国家怎么由穷变富，这是经世济民，而更多的经济学家在研究怎么提高经济的效率，这也是经世济民。但还有一些经济学家，并不是研究这些东西，而是在研究比较微观的事情。像诺贝尔经济学奖得主贝克[⊖]，他分析家庭内部的分工，什么情况下太太应该出去工作，什么情况下太太应该待在家里，还有生育决策，生多少孩子，什么时候生，等等。那么这就跟经世济民好像没太大关系，纯粹是从一个独特的视角来告诉我

⊖ 加里·贝克（Gary S. Becker，1930—2014），美国经济学家，芝加哥经济学派代表人物之一，1992年获得诺贝尔经济学奖。

们家庭是怎么运转的，增加我们对人类社会运作的理解。

那么在国家这个层面，经济学到底起什么作用呢？我觉得其中也有一个关于经济学的误解，就是以为经济学家研究效率，那么政府就应该听经济学家的建议去提高效率，然后就能实现经世济民了。但是，政治决策不是经济决策，政治决策考虑的东西是方方面面的，经济效率只是一个方面，并且在某些时候还不是最重要的方面，而社会稳定，还有公平正义，恐怕是政府更要考虑的事情。在这种情况下，经济学的研究成果只能作为一个背景材料，告诉政府这是在某些条件下最有效的方法，政府在考虑公平正义的时候不要太降低效率就可以了。

另外，虽然经济学家有共同的假设，但事实上内部还是有流派的。我给本科生上"经济与政治哲学"课程，一个目的就是训练同学们的批判性思维，就是想告诉同学们，一个事物，或者一个社会现象，可以从很多侧面去理解它，最后能得到的结论是完全不一样的。经济学家是不是就一点儿都没有意识形态？不太可能。经济学家不可能没有立场，在研究的过程当中，他总会带入自己的立场，至少在切入点上会带入自己的立场，这时候他提出来的方案可能就不一样了。

现在全世界各国的收入不平等都在加剧，大家可能比较熟知的一本书叫《21世纪资本论》，它说的就是这个。怎么来矫正这种全球的不平等呢？作者皮凯蒂⊖提出要征收全球资本税，

⊖ 托马斯·皮凯蒂（Thomas Piketty，1971—），巴黎经济学院教授，因其所著的《21世纪资本论》的出版而名声大振。

不仅是一个国家征，而且是全球各国都征，大家征的税率一样，资本家想跑都跑不了。征来的税干什么？分给穷人。很明显，他是站在左翼提出这样的建议的。站在右翼的经济学家就会说，这么去征税的话，资本家是跑不了了，但是他可以不再投资了，这样效率就降低了，整个饼就会缩小，最后老百姓得到的就会更少。还有一些人会说，未必就要去征收全球资本税，我们可以提高普通老百姓的收入能力，而不是简单的再分配。这就是所谓的第三条道路，英国工党的道路。每个建议都可以找到理论支撑，最终都取决于提出者的政治倾向。

经济现象太复杂，经济学家内部就在"打仗"，甚至好多经济学家自己都跟自己"打仗"，而且他自己还没意识到。一个经济学家自己有两个观点，就会说"一方面……另一方面……"（on the one hand... on the other hand...），所以杜鲁门就说能不能给我找一个"只有一只手的经济学家"。那面对这些不同的观点该怎么办呢？这就需要让不同的理论去竞争，由政治家来做最后的决策。所以在经世济民方面，经济学家扮演的角色恐怕没有我们想象的那么重要，我们只是提供一些供政治家做决策时参考的结论，最后做什么决策需要政治家综合考虑。

经济学家能主导国家的大政方针吗

很多经济学家经常参加一些高级别会议，所以许多人认为国家的经济大政方针好像都是由经济学家说了算，好像经济学家能够准确把握未来的经济发展。但其实决策者在做决策的时候，他会听很多人的意见，除了经济学家，还有自然科学家、工程师等，像科学院和工程院的专家，他们也会提很多建议。

当然，经济学家的出镜率高一些。在我们中国目前这种状态下，经济学家的话语权的确比其他学者的话语权要大一些，这跟我们国家所处的历史阶段有关系，因为现在经济发展还是第一要务。

经济学家说话，不光是决策者在听，普通老百姓也在听。如果我是一个社会学家或政治学家，跟普通老百姓讲话，老百姓听得可能很少，因为我说的跟他们没多大关系。大家关心的主要还是经济问题。在美国，出名的经济学家实际上是很少的，很多在我们经济学界听起来如雷贯耳的经济学家，一般美国人都不知道。比如卢卡斯[一]，在我们学习经济学的人看来，他是很了不起的人物，但在美国有千分之一的人知道他就已经很不错了。在美国，经济学家中最有名的恐怕是克鲁格曼[二]，那是因为他写报纸专栏文章。除了他，就是那些做了政府官员的经济学家，像耶伦，她做过美联储主席，现在接着又做财政部长，还有伯南克，他也做过美联储主席，否则大家也不知道他们是谁。这主要因为经济对美国人来说已经没那么重要了，他们已经过

[一] 罗伯特·卢卡斯（Robert Lucas，1937—），芝加哥大学经济系教授，1995 年因在理性预期理论方面的贡献获得诺贝尔经济学奖。
[二] 保罗·克鲁格曼（Paul Krugman，1953—），先后执教于麻省理工学院和普林斯顿大学，2008 年因在国际贸易和经济地理领域的贡献获得诺贝尔经济学奖。

了那个阶段。而到了欧洲，那里的经济学家根本连发声的机会都很少，皮凯蒂是特例，因为他提出了一个非常重要的问题，就是贫富差距扩大的问题，所以大家才知道了他的名字。

从历史的角度来看，经济学一开始是政治经济学。比如亚当·斯密写《国富论》，研究的是个人选择如何与国家的富裕联系起来，后来的大卫·李嘉图[⊖]、马克思，都是站在他们自身所处的那个时代的立场上，研究国家的经济增长、产品分配和阶级分化等问题。整个 19 世纪，起作用的经济学家不多。那个时候，经济学没有发展出数量工具，也提不出很多具体的建议。然而，19 世纪的经济不照样发展吗？这也说明，说经济学是经世济民的学问，是对经济学的过誉。

有些问题是经济学无法解决的，而且，听了经济学家的建议后还可能更差了。比如王安石变法。王安石是一位非常好的经济学家，他的青苗法按照今天现代经济学的观点来看，也是很伟大的一个想法。青苗法的背景是春天老百姓必须借高利贷搞生产，到了秋天没钱还债，然后又要去借钱，这样就被高利贷拖死了。王安石的想法是，与其这样还不如由国家来向老百姓放贷，老百姓能享受更低的利息，国家还能赚到钱。这听起来是一个很不错的办法，但是不怕一万就怕万一，他就没想到在实施过程中会出现千奇百怪的现象。比如，官府为了赚钱，逼着老百姓去借贷，不想借的，官府也逼着人家借。以前借贷

⊖ 大卫·李嘉图（David Ricardo，1772—1823），英国古典政治经济学的主要代表之一，主要作品《政治经济学及赋税原理》。

是自愿的，现在成了强迫的，然后就变成了一种摊派，最终搞得一塌糊涂。

为什么照着一个经济学家的建议去做往往会失败？因为经济学家的几乎所有建议都是在给定条件下做出的，而现实却是纷繁复杂的，什么都在变化之中。前面提到，经济学的研究方法接近物理学的研究方法，但很要命的是，经济学研究的对象没有物理学研究的对象那么干净。物理学研究可以做可控实验，即使研究天体运行，也和经济学不一样，因为天体运行不会产生大的波动。最近，斯坦福大学的实验证明，量子力学里的测不准原理是错的。爱因斯坦的确是天才，因为他早就说过："上帝不掷骰子。"但物理学界相信了哥本哈根学派的观点，接受了测不准原理，而现在证明它是错的。所以，物理学的研究对象还是比较机械的。但是，现实社会太复杂了，政治家如果机械地实施一个经济学家的方案，几乎百分之百是要翻车的。

现实社会和物理学的研究对象非常不同的一个地方，是个人和企业会对政府政策做出预测和反应。这就是卢卡斯批判。卢卡斯是理性预期学派的代表人物，这个学派的一个观点是，民众掌握的信息并不比政府少，政府能想到的，民众也会想到。卢卡斯批判说的是，政府的政策，还有它的效果，会被普通人预期到，所以，在政府政策出台之前民众就会采取措施，然后政府政策在出台之后就会失效。

这个批判当然是对的，但是我们不能把它推到极致，因为卢卡斯批判是在一个完美的条件下做出的，依赖于民众完全理性的假设。但是现实显然不是那样的，人不可能是完全理性的。我们在现实中看到的，大多是一个所谓的负反馈机制。政府出台一个政策，老百姓会做出反应——就是我们常听到的，"上有政策，下有对策"——这会抵消政府政策的一些效果，但是政府政策仍然会有效果，不会被完全抵消掉。自然界也是这样。化学里有一个勒夏特列原理（Le Chatelier's principle），说的是，当一个系统的平衡态被一种变化打破的时候，系统总是会削弱这种变化，但这种变化还是会起作用。政府政策符合这个原理。

大家可能都听说过拉弗曲线，好多右翼经济学家经常把它拿出来说事。按照流传的故事中的说法，拉弗在餐巾纸上画了一条税率和税收总量之间的倒 U 形曲线，即税率较低时，税收总量随着税率的提高而提高，但当税率达到一定量之后，再提高税率，税收总量就会降低。这通常被右翼经济学家用来支持政府减税——减税之后，税收不仅不会减少，而且会增加，因为减税之后，大家会提高生产积极性，或者说会少逃税，有些人还会增加缴税。那张餐巾纸因此也就成了世界上最伟大的一张餐巾纸。但实际上拉弗曲线的结论从来没有被观察到，原因是违反了勒夏特列原理。减税的首位效果是降低税收，负反馈机制会抵消一部分效果，但是绝对不可能抵消所有效果。

拉弗曲线只有理论上的可能性，而勒夏特列原理是一个经验总结。我们观察多了，总结出来规律性的东西，我们就倾向于说这是真的。斯密的好朋友哲学家休谟⊖却对此有怀疑，提出了著名的"休谟问题"：人如何能够从经验观察总结出因果关系？这是一个没有终极答案的问题，我觉得务实主义的答案是最好的，即本来就不存在绝对的、最终的因果关系，所有因果关系都是临时性的，为了节约成本，观察到一定程度之后我们就给出一个命题，然后我们再去实践和观察，然后不断修正。

说回政府政策，实际上就是这样的。政府出台一个政策，会受制于勒夏特列原理。政府最好的态度是务实主义，不做毕其功于一役的事情，而是采取渐进的方式，做政策微调，不断摸索。

学习经济学到底可以做什么

前面谈了普通人对经济学的一些误解，比如学经济学可以赚钱，或者经济学家在我们国家的政策制定上有很大的影响，等等。我已经从学科的角度、专业的角度做了回答。那么，可能有人就会问：既然经济学没法帮我们赚钱，对政策的影响力也很有限，那我们学习经济学还有什么用呢？

我先不说经济学家作为一种职业的情况，因为作为一种职业，总是会有人去做的。我后面再说如何做一个职业经济学家。普通老百姓为什么要学习经济学？比如，我们国发院有经济学

⊖　大卫·休谟（David Hume，1711—1776），苏格兰启蒙运动思想家、哲学家、历史学家、经济学家，主要著作包括《人性论》《人类理解研究》等。

双学位项目,办学的初衷就是给北京大学其他专业的学生提供普及性的经济学教育,而不是希望双学位项目的学生都变成经济学家。其实多数学生后来不仅没有变成经济学家,从事的工作也跟经济学没有多大关联,而是回到本专业去了。那么,双学位项目的学生为什么还要学习经济学呢?

我给双学位项目教过"经济学原理",学生当中有一个北京航空航天大学的研究生,他对我说:"姚老师,我听了经济学原理之后,看世界的方法完全变了。这个世界和我以前看的不一样,我突然明白了很多东西。"我估计他后来没有从事和经济学有关的职业,他是学计算机软件的,可以找到很好的工作。他觉得经济学很有用,在于经济学可以给他一个不同于其他学科的看世界的角度。经济学可以告诉我们经济系统是怎么工作的,比如企业是怎么运作的,雇佣关系是怎么运作的,资本是怎么运作的,价格是怎么形成的,还有一些产业为什么会消失,为什么有些产业又会出现,等等。

以前我们一般接受的教育,更多的是从道德的角度出发,告诉我们这个世界应该怎么样。这样,我们的第一感总是先做道德判断,先搞清楚这个人是好人还是坏人,这件事是好事还是坏事,等等,即一种非黑即白的思维。我们没有得到关于社会的实证教育,没有学会用实证的眼光看世界,这样就很难理解经济的运作。比如雇佣关系。从道德的角度来看,我是打工的,他是老板,他在剥削我打工的。我这么想下去心里就会很不忿,就会产生对现在的雇佣关系的怀疑,希望推倒重来。我们在网络上看到的很多极端言论，基本上就是这样产生的。还有一些人，完全走到另外一个极端，认为现在的雇佣关系是完全合理的，有些人就应该打工，有些人就应该赚大钱。

学习经济学之后，就能理解雇佣关系是怎么形成的，就会知道背后的制约因素，就会对现实世界多一分理解。我们学经济学的人都知道，市场分配原则是按要素分配，即按边际贡献来分配。无论是理论还是几百年来的观察，都表明这是资源分配最有效的方式。在这个认识的基础上，我们就不会纠结于如何改变世界，而是会更多地想着如何增加自己的边际贡献。

经济学培养一种逻辑思维能力，就是让人能从人性的底层逻辑出发思考社会是如何运作的。一个人学了经济学，至少可以学会理解社会的方法，不走极端。这是一个人作为人在发展时应该具备的素养。没有这种素养，看社会满眼都是不公平，这样不仅对社会不好，而且也把自己的心态搞坏了。一个人是不是一个完整的人，能否从不同侧面理解事物是一个很重要的标志。走极端的人，往往是一叶障目；完整的人对事物总是抱着理解的心态，这样他也会变得更加善良、更加平和。我常和我们的 MBA 学生说，我教大家经济学的知识，就是教你们有一个好的心态，因为你们知道了经济是怎么运作的，政府是怎么运作的，就不会有那么多牢骚。做企业的特别喜欢抱怨政府收了税却没提供服务。其实政府提供了很多服务，只不过他们选择性地没有感觉到而已。比如，政府建基础设施，建公园，这些都是服务，但是做企业的站在自己的角度说没得利。其实他们得利了，只是没有直接得利而已。他们这样说，是因为他们没有一个全局观。

现在，社会上谈社会不公平的人很多，有些走极端的人甚至要把中国带回计划经济。学习经济学之后就会发现，市场经济恐怕还是最好的资源配置方式。邓小平早就指出，社会主义也可以搞市场经济。实际上，我们古代就有市场经济。至少到了北宋的时候，中国的市场经济基本上已经形成了。北宋之前，土地还有公有的部分，直到唐代政府还在分土地，但是到了北宋，土地的买卖就都放开了。而且，我们还发明了纸币，发明了金融票据，形成了一定规模的金融市场。我们那时已经搞市场经济了，市场经济不是西方资本主义特有的。

学习经济学之后，就会理解除了市场经济之外好像找不到更好的资源配置方式，就不会走极端，不会总是抱怨社会，而是回到自己身上，寻求怎么去适应这个社会，怎么在这个社会中提高个人的教育水平、自己的收入能力，按照自己的比较优势去选择职业和工种。这样，心态就会变得更好，社会就会更加积极向上。

如果你是做企业或做小买卖的，学点儿经济学就更有用了。知道价格是怎么形成的，知道如何激励员工，知道如何判断经济大势，等等，对你会有很大的帮助。薛兆丰老师写了一本经济学入门书《薛兆丰经济学讲义》，他告诉我，有一个在边远地区做小买卖的人给他写信，说读了他的这本书之后思路大开、受益匪浅，然后又去网上买他的课程。这说明他的书和课程能让一些人在自己的职业范围内直接获益。

当然，我承认这样的人恐怕是少数，而且效果因人而异，经济学对多数人的用处还是丰富自我。知道经济到底是怎么运作的，知道人的经济行为和社会交往有什么规律可循，等等，这在很大程度上没有多少实用价值。但是，我们从幼儿园一直学到大学，说实在的，学的多数知识不一定用得上。有用的东西都不是从课堂里学到的，那些你在职业中要用到的知识都是在工作之后学到的。学校里学到的是其他方面的能力，比如分析问题的能力、人际交往的能力等，而这些恐怕对于一个人的长远发展更为重要。

直到今天，我们国家的中小学教育还是强调科学和人文教育多一些，社会科学教育较少。我觉得，至少到高中阶段应该增加社会科学的基础教育。至少一部分经济学原理的内容应该放到高中去教，提高孩子们的思考能力和认知能力，这样他们以后才不会走极端、怨天尤人。我想，如果我们的中学也教经济学原理，我们在网上就会少看到一些"杠精"。这对国家的稳定和谐也有帮助。

有本书叫《理性选民的神话》，它告诉我们西方社会的选民有许多非理性的偏见，如反市场偏见、悲观偏见、对外国企业的偏见，等等，原因是坚持这些偏见可以降低选民思考的成本。这就是所谓的"理性的非理性"。这种情况在美国、中国、欧洲都会出现，特别是部分民众对外国企业和外国人的偏见，有时可能到处都一样。他们大都相信，让外国企业来自己的国家就是让它们来赚自己的钱，他们倾向于低估外国企业和外来移民对自己国家的贡献。外国企业在最低限度上可以给国内带来刺激，哪怕是和国内的企业生产同样的产品，也会有贡献。比如，外国企业的组织方式和我们的不一样，我们可以从它那儿学点儿东西；它的技术、设计比我们的先进或与我们的不一样，我们可以从它那里取长补短。对待外国人也是一样。司法部在 2020 年曾经做过一个很小的、方便外国人工作签证的政策改动，但一经发布，网上就出现了一些反对的声音。从经济学的角度来看，这完全是不理性的。外国人到中国就业，对中国的好处大于坏处。中国足够大，中国人不至于被外国人抢了饭碗，而且在最低限度上也增加了多样性，会刺激中国的创新。我相信，如果有更多的老百姓学了一些经济学，了解了人才的国际流动对于创新的重要性，就会有更多的人支持司法部的新政策了。所以，普通老百姓学习经济学，对于国家制定和通过更加合理的经济和社会政策也是有利的。

对希望学习经济学的高中生的建议

一些家长抱着功利的心态让孩子学经济学。一个有意思的发现是，股市上涨的时候，会有更多的高考生报经济学专业，经济学专业的录取分数线就会上去。这说明，有的家长在给孩子报志愿的时候是希望孩子去学赚钱的。但是，我刚才说了，经济学不是教学生如何去赚钱的学科，而是提高学生认知经济和社会的能力的学科。那么，对于高中生来说，如果要选择经济学，应该保持什么样的心态、抱什么样的目的来学经济学呢？

对绝大多数学经济学的人来说，最后成为经济学家的概率实际上是很低的。各个学科都是这样，数学更是这样，北京大学数学学院每年招大概 200 人，但一届里头能有 1% ~ 2% 的人最后真正成为数学家，就已经很不错了。经济学可能还没有这个概率高，因为学经济学的人更多——我估计概率也就是千分之几。所以，很多人恐怕都是以赚钱的心态来学经济学的。中国有很多财经院校，它们的学生绝大部分以就业为导向。比如，一个学生到财经院校去学经济学，他知道财经院校不是培养经济学家的最好的地方，却是就业前景非常好的地方之一。事实上，财经院校的很多课都是教商业实务的，怎么做生意，怎么做账，怎么交易股票，等等。综合性大学的经济学专业一般比较少教实务类课程，而更多的是为学生将来去做经济学家准备的。当然，即使是综合性大学的经济学专业毕业生，将来做经济学家的比例也很低。

对一个高中生来说，要想好，他学经济学，将来是要做学问、做研究，还是去做实务，到金融部门或实体经济部门做和经济有关的工作。两者是完全不同的选择。北京大学的中国经济研究中心（CCER）——国发院的前身——当年搞双学位项目的一个初衷，就是很多学生在高中阶段并不知道自己要学什么，来到北京大学之后想接触经济学，我们给他们提供一个机会。一些学得好的学生最终对经济学研究产生兴趣，想在研究生阶段转读经济学，所以我们在招研究生的时候一直给我们的双学位项目的学生开一个口子。北京大学现在也允许一年级结束之后转专业，我们国发院的本科项目就是从转专业的人当中挑选学生。

第 二 章

经济学的概念和方法

THE MEANING OF
ECONOMICS

经济学的核心概念

在第一章中我们说过，经济学在一个比较简单的假设（理性人假设）的基础上，推导出非常完整的理论大厦。如果要想详细了解这座大厦，那得去学经济学专业。但是，其中有一些核心的概念，对普通人来说，只要掌握了，就足以构建起经济学的思维。

效用

经济学的第一个核心概念就是效用。什么是效用呢？在经济学家那里，效用很大程度上是一个思想实验的工具，我们想象人在消费物品的时候会得到一种满足感，然后把这种满足感叫作效用。但在现实生活中，我们是无法测量效用的，比如吃一个苹果或者吃两个梨，一个人获得的满足感到底有多少？很难说。

尽管我们没有办法在现实中测量效用，但是有了这样一个思想实验工具之后，我们可以用它来做很多的经济分析。这也是经济学不同于其他学科的一个很重要的方面。经济学会构造一些概念，用这些概念来做思想实验的分析，它们在现实中未必存在，但我们后面会看到，通过这些构造的概念能够推导出可测度的变量。

经济学有一个奇妙的地方，就是我们关注效用的序数效应，而不是基数效应。比如，吃两个苹果比吃一个苹果好，基数效用确切地告诉我们好多少，但序数效用不需要。经济学的奇妙之处还在于，在序数效用的基础上可以推导出一套严谨的逻辑，而且能够推导出一些可测度的变量，比如价格，并对其进行预测。就价格来说，不仅它的排序有意义，而且它的绝对值也有意义，2元比1元多1元，这是确定的、可测量的。消费者在购买商品的时候，会在他的收入约束下最大化他的效用。我们虽然无法测量他的效用，却可以从他的消费行为和商品的价格反推出他对商品组合的效用排序，也可以用他的收入和商品的价格间接地表达他的效用排序。这也是经济学的一个奇妙的地方，就是可以用可观测的变量表达不可观测或难以观测的概念。不仅是效用，经济学家在研究效率的时候也是如此。

边际

经济学中的第二个核心概念是边际。经济学家和非经济学家的一个根本性的差异，或者说经济学思维和普通人思维的最大差别就是边际思维。普通人思考问题的方式往往是平均思维，就是想象一群人在平均意义上的行为模式，但这样的思维模式不是思考市场总体行为的正确方式，边际思维才是。那什么叫作边际思维呢？一般来说，边际思维就是经济学家永远看市场中最后一个人的行为或者最后一个产品的情况。比如在劳动力市场上，工资不是市场中的平均水平的劳动者决定的，而是最后一个参加劳动的人决定的，我们要看给他多高的工资他才愿意去做这份工作，同时也要看他有多大的贡献工厂才雇用他，两者相等的时候才是市场里的均衡工资。又比如在某个产品市场上，我们要看最后一单位产品能够给人带来多大的效用，以及工厂生产这最后一单位产品所要花费的成本，再一次，两者相等的时候才是市场里这个产品的均衡价格。

这么说好像有点抽象，我们可以举两个容易理解的例子，帮助大家理解为什么边际思维如此重要。

例一

大概在 20 年前，很多地方的市内高速公路是收费的，后来才逐渐取消收费。很多人以为取消收费不会有太大影响，因为在 20 年前买车还是比较稀罕的事情，人们倾向于认为，买得起车的人不会在乎 5 元的高速公路费。但这是从买车群体的平均意义上来看的。现实的情况是，取消收费之后高速公路开始堵车了。这说明有很多人对高速公路收费还是很敏感的。是哪些人呢？实际上是那些处在"边际"上的人，他们买车需要下一定的决心，因为他们的收入可能刚好就处于能负担起车价的边缘上。如果高速公路收费，那每天来回就需要多付 10 元，一个月下来就是 250 元到 300 元，这笔钱可能就会对他们是否走高速公路起到决定性作用。高速公路收费的时候，他们就走辅路，宁愿慢一些；一旦取消收费，他们马上走高速公路。还有一种类似的情况，就是在执行节假日高速公路不收费的政策后，你会发现选择开车出去旅游的人变得更多了。这也是很奇特的，难道大家会因为几十元的高速公路费就决定是不是开车出去旅游吗？实际上是会的，因为那些处在"边际"上的人在改变行为。别小看边际思维，有时候它还能够影响一个国家的政策。我们看下面的例子。

例二

这个例子是我们之前提到的宋国青老师。宋老师是一个奇人，他在上大学之前是生产队的小队长，真正的陕西农民。有一回冬天我们在朗润园致福轩开会，宋老师来晚了也不进去，就在门口的台阶上坐着。我们开会中间休息的时候，一推门发现宋老师就坐在门口，都很奇怪，问他怎么不进去？宋老师说在外面晒太阳，太舒服了。在过去，老农就是在冬天阳光好的时候在外面晒太阳，心里特别满足。在这个意义上宋老师是地道的陕西农民，能够考到北京大学真是非常了不起，而且他的经济学直觉特别好。

1984 年中国粮食大丰收，因为包产到户后大家的生产积极性很高，粮食产量猛增。那时候政府有粮食征购政策，给农民派粮食征购任务，征购价是固定的，农民完成征购任务之后还可以向国家卖超购粮，价格比征购价高很多，也就是"固定基数，超购加价"。这一政策实际上用的是一种边际思维，超过计划征购的部分政府就多付钱，鼓励生产。但那时的政策制定者并没有意识到他们在用边际思维。

1984 年粮食大丰收，政府对超购部分是敞开收购的，有多少收多少，但因为超购部分实在太多了，政府财政最后也受不了了。于是政府决定，1985 年要取消超购，统一收购价格，按照 1984 年征购和超购的粮食比例，在原有价格基础上做一个加权平均确定新的粮食收购价格。政府的想法是，只要老百姓生产同样多的粮食，能够赚到的钱还是一样多，因此粮食产量不会因为这次改革而下降。这是典型的平均思维，在平均意义上确实是对的。

宋国青老师认为，如果这么做的话，1985 年粮食产量会大减，但没有人相信他。宋老师的判断就是基于边际思维，认为在粮食产量上起作用的是超购价，不是征购价，也不是这两个的加权平均值。征购粮的数量和价格都是固定的，农民实际上是对超购粮做出反应，取消超购意味着把原来的超购价降下来了，在边际上农民的生产就会往回收缩。结果，1985 年果然出现了粮食大减产。这是经济学家使用边际思维的一个最好的例子。

　　人们是在边际上做出反应，而不是在平均意义上做出反应。另外，经济学家说的边际，看的是在给定其他因素不变的情况下，变动一个因素会产生什么效果。这个思想也是非常重要的，一般人搞不清楚。比如最简单的，在给定收入和偏好不变的情况下，如果一样东西的价格上升，消费者对它的需求就会降下来。但是普通人会说，那要看情况，你看那些富人，不管价格多高，他们都会去买。这就是没学会边际思维。我们说的是给定收入条件下会发生的事情。不同收入水平的人的价格弹性⊖是不一样的，如果价格只是涨了一些，富人可能还是会照样买，但如果价格涨到一定程度，即使是富人也会做出反应。

边际递减

　　边际递减不是定理，而是一个基于观察形成的公理。在现实中我们可以观察到很多例子，比如牛顿第一定律说在没有外力作用的情况下物体会保持静止或做匀速直线运动，但现实中由于存在摩擦力，在平面上滚动的球的速度会越来越慢，在边际上速度是递减的。经济学家相信边际递减。首先，效用在边际上递减，即随着你获得的满足感（效用）越来越大，你能够获得的新的满足感就会越来越少。比如吃第一个苹果时你会觉得太好吃了，吃第二个苹果时觉得还行，吃第三个苹果时效用进一步下降，吃第四个时你可能就恶心了，就像陈佩斯在小品《吃面》里面一样，一开始吃面很香，吃到最后都咽不下去了。在生产方面也可以观察到边际递减，比如劳动效率的边际递减。

　　⊖　需求的价格弹性，是衡量需求的数量随商品价格的变动而变动的比例。

在其他投入不变的情况下，一个人的劳动时间增加，而疲劳程度上升，每个小时的产出会递减。效用的边际递减，加上生产率的边际递减，最后会让整个经济进入稳态。

抽象点讲，当一个力量出去之后，总会存在一个反方向的力量来进行阻止，由此会形成一个比较稳定的状态，即稳态。这是大自然的规律，也是人类社会的规律。如果国家可以无穷无尽地发展下去，那先发国家会占有无穷无尽的优势，后发国家就没办法进行赶超。但我们看到的并非如此，因为发展到一定程度，阻力就会突显，所以文明会有周期。

很多王朝初期欣欣向荣，比如汉朝的文景之治，唐朝的贞观之治，甚至包括北宋的宋徽宗时期，但一旦到达顶峰，王朝就开始走下坡路了。为什么？因为存在反作用力——奢华，什么都来得很容易，生活就变得很奢华。比如，宋徽宗就开始舞文弄墨（他是一个很好的画家，也是一个很好的诗人），也极尽奢华。《水浒传》里描写的生辰纲就是一个例子。他营造皇家园林，结果建好不到一年，金兵就打来了，那些从太湖挑选的奇形怪状的石头，都做了炮弹。

机会成本

第三个核心概念是机会成本，它也是经济学中非常重要的概念。一个普通人如果理解了机会成本的概念，在面临众多选择时做决策会容易一些。每一个选择都有成本，那些因为选择而被放弃的收益就叫作机会成本。

一个人必须做出选择，否则就会成为"布里丹的驴"。布里丹是个哲学家，他用一个寓言来讲人的选择困境：有一头驴，主人在它面前放了两堆干草，干草一样多、一样好，但是驴总想挑最好的那一堆先吃，结果看来看去也没看出差别，最后把自己给饿死了。

人必须做决策，因此机会成本是重要的。举个例子，比如某地方政府有一笔钱，用来建了楼堂馆所，非常漂亮，但经济学家会说这样太浪费了。官员说我没浪费啊，你看我买了建筑材料，买了装修材料，还雇了工人，钱花出去总有人得到了吧？那些供应商、建筑商、工人都获得了收入，在这个意义上是没有浪费，但是官员不懂什么叫机会成本——这些钱本来可以用于更好的、更具生产力的事情，比如投到科研上可以产出更多的东西。很多时候，经济损失是看不见的，经济学家把这种损失叫作"无谓损失"，整个经济资源的机会成本往往得不到足够的重视。

作为一个普通人，我们在做选择的时候也会遇到同样的问题。特别是当你走到了决定人生的岔路口，在没有认真分析的情况下，你就选了一条路，但可能还存在另一条路，你永远都不知道如果你走了那条路会是什么样的，这就是你人生抉择的机会成本。年轻人容易犯的错误是，什么好处都想要，不肯付出选择的机会成本。理解了机会成本的概念之后，你就会明白任何决策都有机会成本，再做选择的时候可以释然接受它。

价格

第四个核心概念是价格，这也是经济学中最重要的概念。我们都知道价格是什么，简单来说就是交换一个产品所需要的金钱。我跟其他学科的人交流的时候，他们很羡慕经济学，因为经济学有价格这个东西，有了价格就可以做很多的度量。有了价格，我们可以把所有物品的交换用金钱来表示，用经济学的行话来说，就是可以用货币测度来表达几乎所有的东西，包括我们前面讲的效用，这样会使经济学变得很严谨，而且可度量。因为有价格，我们还能够做很多计量经济学的分析，而且我们的回归分析能够做得更加有结构，而不是像其他社会科学一样，把一个变量当作 x，另一个变量当作 y 就开始做回归。

在现实中，价格是经由市场中的所谓的价格创造者来形成的。最简单的例子就是在市场上买菜的老阿姨，她就是价格创造者。老阿姨买菜很谨慎，她拎个篮子从这一家看到那一家，最后又转回到第一家，把每一家的价格问个遍，在这个过程中，她把市场里的价格拉平了。换句话说，现实中的价格是通过分散的讨价还价来形成的。在理论上，莱昂尼德·赫维奇⊖证明，竞争市场是最节省信息成本且可以达到帕累托效率的机制。

⊖ 莱昂尼德·赫维奇（Leonid Hurwicz，1917—2008），经济学家，长期执教于美国明尼苏达大学，因为对机制设计理论的贡献获得 2007 年诺贝尔经济学奖。

在经济学边际革命⊖之前，经济学家关注商品和劳动的内在价值；在边际革命之后，价格代替价值成为经济学的分析工具。价值的问题在于，同一件物品对不同的人来说有不同的价值。一个饱食终日的富豪绝对不会吝惜一个面包，而一个饥饿的乞丐却会把一个面包作为他的救命稻草。在这种情况下，社会应该生产多少面包呢？不知道。价格就不同，后面要说到，它衡量的是一个物品对于市场中最后一个人的效用，因而是唯一的。它最重要的作用是指导资源的分配。如果企业生产下一个单位产品的成本低于市场上的价格，企业就会接着生产，否则就停止生产；如果一个人从下一个单位产品上获得的效用高于市场上的价格，他就会接着购买这个产品，否则就停止购买。有了唯一的价格，市场上才不会出现过剩，也不会出现供给紧张。

均衡

价格和另外一个概念总是联系在一起，那就是均衡。什么叫均衡？简单说就是没有变化的状态，更细致一点来说就是供给和需求的一个平衡态。以劳动力市场为例。供给由劳动者的边际机会成本决定。一个人参加劳动，无论什么样的劳动——体力劳动也好，脑力劳动也好——干的时间越长，边际成本就越高，因为疲劳强度会增加（休息的收益增加），和家人在一起的时间会减少（和家人在一起的时间变得更稀缺，因而价值更

⊖ 下一章讲述经济学理论的发展脉络，会解释边际革命。

高），等等。需求由劳动者对企业的边际贡献决定。在其他条件不变的情况下，第一批工人的贡献很大，后面加入的工人的贡献下降，也就是说，需求随着劳动者人数的上升而下降。在市场上，当需求等于供给的时候，或者说，当劳动力的边际贡献等于劳动力的边际机会成本的时候，就形成了均衡，产生了均衡工资。换句话说，均衡工资等于市场中最后一个劳动者的贡献，也等于他的工作的机会成本。这是经济学边际思维的又一个具体例子。

均衡为什么重要？均衡的意义是表示经济在均衡价格下已经穷尽了所有的生产和交换的可能性。举一个简单的例子，你我两个人交换，你手里有苹果，我手里有钱要买你的苹果。你卖给我第一个苹果的时候，我愿意出很高的价格，因为我特别渴望吃这个苹果，出 10 元我都愿意。我吃完了，你想卖给我第二个苹果，这时候我就说给你 6 元行不行？我的边际效用是在降低的。在你卖第三个苹果的时候，我只想给 3 元，你说还有一个人能出 4 元，那我可能也提价到 4 元，买下第三个苹果，然后勉勉强强把它给吃了。这个时候，如果你想在这个价格上再多卖，是卖不动的，因为我已经满足了，而我想把价格压下来，也不可能，因为你在这个价格上可以卖给别人。在 4 元这个价格水平上，我们俩都达到了最满意的状态，不可能再改进，这就是均衡的概念。

另外，我们也要注意到，在现实中想实现均衡其实是非常难的，因为整个经济是在一个动态调整的过程中。一个价格，它可能在短期内、在局部稳定下来，但过一段时间又会有变化。所以，均衡的概念也是经济学家自己构造的，是用来理解经济运行的一个理论工具。这一点非常重要，均衡不是现实。我们有一些学经济学的人，学糊涂了，以为现实就是一种均衡，这是不对的，现实甚至可能离均衡非常远。

但对一个经济学家来说，如果所有的东西都在变，而且是在比较无序地变，那就没办法构造理论了。我们一定要在一个平稳的状态下才能做分析。比如，我们现在想要分析政府的一个政策会产生什么效果。如果经济总在变的话，政策能起什么作用，你根本不知道，因为所有的东西都在变，政策执行下去还会改变人的行为。在这个时候，均衡就是我们分析问题的一个非常好的工具。如果我们理解了均衡的概念，在评估政府政策的时候，我们就会把它和外部的冲击区分开来看。一个政策执行时出了问题，我们就要看到底是政策本身有问题，还是外部环境发生了变化。

帕累托最优

均衡，又和帕累托最优的概念联系在一起。在刚才买卖苹果的例子里，我们俩之间没有进一步改进的空间，那就是说我们俩之间达到了帕累托最优。因此，所谓帕累托最优，就是不可能在不牺牲任何人利益的情况下改善其他人的福利的状态。我们说经济进入一个帕累托最优状态，就是说资源的分配已经物尽其用，有了静态上的效率。一个例子是舒尔茨[⊖]关于传统农业的"贫穷但有效"假说。传统农业使用传统生产要素，如没有受过教育的劳动力、畜力等，因此很贫穷。但是，传统农业也达到了物尽其用的地步，实现了帕累托最优，因此是有效率的。当然，这是静态效率，要改造传统农业就需要引进现代生产要素，如机械、化肥、良种等，特别是提高人力资本水平。

在静态的意义上，当一个经济达到均衡的时候，经济就实现了资源的最优配置。如果由市场自己去生产和交换，最后经济总会达到帕累托最优，这就是福利经济学第一定律。福利经济学第二定律是，任何的帕累托最优状态，通过调整初始的禀赋分配，最后都能在市场机制下实现。两个定律并不是完全对称的，市场总是可以实现帕累托最优，但给定一个帕累托最优状态，就必须把每个人的初始禀赋重新分配一遍，才能够实现它。

福利经济学第一定律是非常强大的，它证明了市场交换是一个有效的交换，当然它并没有证明市场交换是唯一有效的交换。通常我们说，市场是迄今为止人类社会发现的最有效的资源配置手段，这是经验总结，不是理论证明，理论只能证明市场可以实现效率，但不一定是唯一的。所以我们要注意，在理论上，市场只是资源有效配置的一个充分条件，并不是必要条件。

⊖ 西奥多·舒尔茨（Theodore W. Schultz，1902—1998），美国经济学家，因为对传统农业以及人力资本理论的贡献获得 1979 年诺贝尔经济学奖。

规模经济

上面这些概念，其实都是在一个比较经典的经济环境下来讲的。如果要说得技术一点，那就是生产技术一定是规模报酬不变或者规模报酬递减的。如果是规模报酬递增，就没有均衡。

什么叫规模经济？简单来说，就是如果投入增加一倍，产出会增加超过一倍。如果产出没有增加一倍，这叫规模报酬递减；如果刚好也增加一倍，这叫规模报酬不变；如果增加超过一倍，就是规模报酬递增。经济学家在过去很难在理论中处理规模报酬递增，因为它是一个爆炸性的增长——对一家企业来说，投入增加的速度赶不上产出增加的速度，在这种情况下，增加投入总是有利的，企业永远都想扩大自己的规模，因此不可能出现均衡状态。

《规模》[⊖]一书的作者发现生命个体的体重带有我们所说的规模报酬递减的色彩：体重增加一倍，产生的能量增加不到一倍。在这种情况下，体重不会无限增加下去，因为能量供给跟不上，最后肯定有个交叉点，使得摄入的总能量只能维持现有的体重。但是城市不一样。城市是规模报酬递增的。城市的产出和人口之间是超线性关系，用幂来表示的话，产出是人口的 1.15 次幂。但是，城市的能源消耗和人口之间是低线性关系，用幂来表示的话，能源消耗是人口的 0.85 次幂。这样，产出增长总是

⊖　即《规模：复杂世界的简单法则》，其作者杰弗里·韦斯特是英国理论物理学家、复杂系统领军人物，曾担任圣塔菲研究所所长。

快于能源消耗增长，城市增长因此是爆炸性的。

城市没有规模限制，属于规模经济。在这种情况下，经济学理论模型是没办法把它写出来的，因为没有往回拉的力量，不会形成均衡。均衡需要存在相互抵消的力，否则不能形成均衡。直到 1977 年，斯蒂格利茨⊖和迪克西特⊖发表了那篇非常重要的文章——《垄断竞争和最优产品的多样性》⊜，这个问题才得到解决。在他们的模型中，垄断者的技术是规模报酬递增的，他们发明了一种数学处理方法，让他们可以在一般均衡框架里引入垄断竞争。

规模经济很重要，它会改变我们对经济增长、经济政策的一些看法。比如发展经济学早期有一个大推进理论，就是建立在规模报酬递增基础上的。如果企业是规模报酬递增的，就需要达到一个最低的生产规模才可能赢利，因为在规模报酬递增的情况下，企业的平均成本是下降的，只有当平均成本下降到一定程度的时候，它才能赢利。想象一种情况，本来没有任何工业，而你想让工业发展起来。市场中大家都没有收入，因而没有需求，所以也没有企业能够达到它的盈亏平衡点。那该怎

⊖ 约瑟夫·斯蒂格利茨（Joseph Stiglitz，1943— ），美国经济学家，1979 年获得约翰·贝茨·克拉克奖，曾任美国总统经济顾问委员会主席、世界银行资深副行长兼首席经济学家，因在信息经济学方面的贡献获得 2001 年诺贝尔经济学奖。

⊖ 阿维纳什·迪克西特（Avinash K. Dixit，1944— ），印度经济学家，普林斯顿大学教授。

⊜ 论文参见 DIXIT A K, STIGLITZ J E. Monopolistic competition and optimum product diversity [J]. American economic review，1977，67（3），297-308.

么办？这时候就需要一个"大推进"，政府给企业一些补贴，或者协调所有潜在企业，让大家一次性地扩张生产，让工人获得收入，收入增加之后，需求就增加了，所有企业就可能跨过盈亏平衡点。

摩擦 / 市场缺陷

　　规模经济是导致经典经济环境不成立的一个重要原因。还有一个原因，就是所谓的摩擦或者市场缺陷。研究宏观经济学的人，特别是研究新凯恩斯主义宏观经济学的人，愿意用摩擦这个词，而研究微观经济学的人喜欢用市场缺陷。其实我觉得这两个词基本上是一个意思，但也许是我的偏见，我觉得市场缺陷更好一些。因为在宏观经济学里"摩擦"存在套套逻辑[一]的嫌疑——如果经济不能达到自由竞争均衡，那它就存在摩擦；不能被解释的东西归入摩擦，而摩擦又是驱动模型的动力。我们搞微观经济学或制度经济学的人用市场缺陷这个词，并探究市场缺陷的来源，以便提出更正市场缺陷的方法。比如宏观经济学总爱用信贷约束来解释经济现象，但不探究信贷约束是如何产生的。微观经济学家就要进一步，研究信贷约束是因信息问题产生的，还是因抵押物不足产生的，等等。

　　经济中的确存在很多市场缺陷或摩擦，最后使得经济不能

　　〇　套套逻辑（tautology），即同义反复，某一逻辑或论证的推论已经蕴含在其前提之中。这样的推论不可证伪，没有解释力。

达到一个自由市场均衡。但市场缺陷可能有很多种，处理每一种的政策都不一样，需要有的放矢地去写理论模型，而不是像宏观经济学那样，只要假设存在摩擦就行了。罗默[一]因此批评以卢卡斯为代表的宏观经济学家，认为摩擦在他们的模型里就像一个小妖魔，可以随时召唤出来，它把模型不能解释的东西都揽到自己身上。我们应该尽量消除市场缺陷或摩擦，让经济资源得到更加有效的配置。比如，由于信息不完备，银行虽然有钱，但贷不出去；需要钱的人贷不到钱，哪怕他是一个很讲信用的人，但因为银行不了解他，不敢贷。该怎么消除这样的信息不对称？可能需要一些信息中介，还需要征信系统，帮助解决这些问题。

交易成本

顺便说一下交易成本。交易成本这个概念在中国影响很大，但是我国经济学界很少讨论"交易成本"。为什么？因为所谓的交易成本，就是在交易中间产生的成本，但是只要交易产生成本，就一定有人把这部分成本拿去变为自己的利润。比如市场中介组织，经济越发达，市场中介组织就越多，它们的利润是交易成本吗？不是，市场中介组织的出现是市场分工越来越细的结果，它是市场经济的必然结果和重要组成部分。

[一] 保罗·罗默（Paul M. Romer，1955—），美国经济学家，2018 年因在创新、气候和经济增长方面的贡献获得诺贝尔经济学奖。

政府与市场

一谈到市场缺陷，或者摩擦，就一定会谈到到底是政府更有效，还是市场更有效。这也是大家经常讨论的一个问题。对经济学家来说，市场当然不是完备的，它存在很多缺陷，但是政府应该什么时候进入，并替市场做一些事情呢？我觉得应该注意下面这几个方面。

第一，当需要政府出来协调的时候，比如要实现"大推进"，市场做不好这一点，政府就需要协调一下，为企业提供协调指导或者协调服务。

第二，当存在不可消除的公共品问题时，政府就需要介入。虽然有些公共品可以由私人来提供，比如科斯[一]所说的灯塔，灯塔作为一个公共品，在产权明确的情况下提供者可以通过其他手段收回建设灯塔的费用，但有些公共服务是没法通过私人提供来实现的，一个原因就在于没有排他性。再比如国防就没有排他性，任何一个公民，即使不交税照样也可以享受到国防的保护，所以国防必须由政府来提供，否则每个人都有搭便车的动机。又比如传染病防治等公共卫生服务，也是没有排他性的（传染病被控制住了，所有人都受益），所以公共卫生服务在所有国家都是由政府提供的。从某种意义上来说，基础教育也有同样的性质，因为有很强的外部效应，或经济学家说的外部性

［一］ 罗纳德·科斯（Ronald Coase，1910—2013），英国经济学家，第二次世界大战（简称二战）之后长期在美国大学执教，因揭示交易成本和产权在经济组织和制度中的作用获得1991年诺贝尔经济学奖。

（一个人的教育水平提高了，他对其他人是有正面作用的，而且这个正面作用是不能被消除的，除非某个人完全不同其他人交流，躲在家里），所以基础教育也应该由政府来提供。

第三，信息不对称问题。一个例子是政府对药品和食品的质量检测。在信息不完备的情况下，由于存在很强的信息不对称性，如俗语讲的那样，"买的没有卖的精"，消费者很难知道药品和食品真正的质量是如何的。那么，这时谁来维护消费者的利益呢？只有政府。只有政府可以采取一些预防措施，代消费者实施监管，这样在一定程度上可以解决信息不对称问题。

产业政策

关于政府与市场的争论，还有一个重要的问题，就是产业政策问题，即政府是否应该制定产业政策。支持者的理由有下面几个方面。一是认为存在一个协调问题，当一个产业很幼小的时候，企业不能达到盈利点，所以政府应该提供帮助，保护幼稚产业。20世纪发展中国家普遍实行进口替代政策，就是要扶植这类产业成长起来。二是技术研发的需要，一些技术的研发需要很多企业和研究机构之间的协调，政府通过产业政策可以起到协调作用。三是外部性。所有新产业都会生产知识，而知识具有正外部性，根据上文所说的，这时政府就应该介入。

反对者认为政府制定产业政策，只能奖励某些行业，这造成了对其他行业的不公平。而且，政府如何知道一个产业就比另外一个产业要好，这也是一个重要问题，从长期来看市场恐怕比政府更聪明一些。另外，产业政策的退出很困难。这类事情经常发生。比如美国农民得到巨额的政府补贴，这些补贴从 100 多年前就开始了，取消的难度非常大，所以只能一直补贴下去。但今天的美国农民还需要补贴吗？恐怕不需要。美国农业可以实现完全机械化，一个农场几千英亩⊖不在话下，但现在美国还有很多农场少于 1000 英亩。为什么这些农场还能存在？政府补贴是一个很重要的原因。由于政府补贴，那些没有生产效率的农户也可以生存下来，这样就形成了资源配置的扭曲。

动态效率

上文提到的效率，指的是静态效率。帕累托最优就是一个静态效率，严格来说我们称之为配置效率，即物尽其用的效率。和静态效率相对的是动态效率。对一个国家而言，经济增长最终取决于动态效率。静态效率（或配置效率）是指给定现在的生产技术和资源能达到的最高的产出，如果没有达到最高产出，就没有实现静态效率（或配置效率）。动态效率指的是给定现在的资源约束提高的产出。经济学家发明了一个概念来度量动态效率，即全要素生产率（TFP），大家现在在报刊上能看到这个词，政府现在也在用这个词。之所以叫作全要素生产率，就是

⊖　1 英亩 =4046.856 平方米。

因为它是去除人力和资本等投入要素增长的贡献之后，剩下来的那部分增长。其实，那些说不清道不明、能够增加产出的东西，我们都会把它们归入全要素生产率的范畴，具体来说，可能是技术进步、制度的改善、管理的改善等，就是一些"软要素"的改善。

对今天的中国来说，技术进步是最重要的。拿日本和中国的餐饮业做个对比，有利于理解什么是技术进步。去过日本的人都发现日本的东京、大阪、名古屋，还有京都，那些城市都熙熙攘攘、欣欣向荣，想象不出来这是个经济停滞的国家。但仔细观察一下日本的餐饮业，就会发现这个国家的确停滞了。为什么呢？30年前，一碗面条，按照当时的汇率大概值10美元，而现在到日本去吃一碗面条，基本上还是10美元，甚至更低。这意味着日本的面条没有技术进步——一碗面条几十年都没有变过花样，生产流程也不曾变化，所以价格上不去。那为什么日本看起来欣欣向荣，让人感觉经济还不错呢？主要是因为去日本的旅游者多，而且日本经济体量大。

像日本这样的国家，它的经济增长已经进入了一个稳态增长的过程。在这样一个经济稳态增长的状态下，人均收入的增长速度等于技术进步率。从面条这个角度可以看出，日本已经没有技术进步了。反过来看中国的餐馆，很多商场里的餐馆3年之内就要换掉一大半，换完之后，大家就发现档次提高了，菜品也更好了，价格当然也跟着上涨。这就是技术进步，所以中国的收入水平也在提高。当然，中国收入水平提高，不仅得益于技术进步，资本积累也可以提高人均收入。

有一段时间我们老说要学习日本的工匠精神。有人还用了面馆这个例子，说有个面馆，开了 100 多年，两张桌子，吃的面条永远不变，这就是工匠精神。其实这就是日本停滞的标志，是没有技术进步的结果。在一个技术进步很快的国家里，绝对不可能出现这种情况。因为技术替代快，你不发展别的店面、不搞新的菜品，一定会被其他面馆淘汰。

沿着这个思路想下去，中国的中小企业平均寿命也就 3 年左右，是好事还是坏事？很多人说德国、日本的百年老店多好，其实他们忘记了，如果你有百年老店，多半是因为你的技术进步速度慢。美国的百年老店就极少，很多 10 年前如雷贯耳的名号今天都没了。IBM 虽然还在，但已经大大衰落。30 年前 IBM 的名号如雷贯耳，现在的 IBM 已经成了一个企业信息化供应商。以前的贝尔实验室还产生了好几个诺贝尔奖获得者。美国的技术进步很快，中国也一样。技术进步快，企业的更新速度就快，所以，中国中小企业的寿命只有 3 年左右，从某个角度上恰恰说明中国企业的技术进步快。

中国的全要素生产率在下降吗

这里再谈一下中国的全要素生产率问题。

现在有些人认为中国的经济效率在下降。这涉及全要素生产率是怎么度量的问题。度量全要素生产率的方法很多，但万变不离其宗，都来自所谓的索洛残差。索洛⊖是一位获得过诺贝尔经济学奖的学者，他在 20 世纪 50 年代提出了一个经济增长理论，即后来的索洛模型，直到今天我们还在用这个模型。同时，他还发明了一套方法来分解经济增长速度，把它分解为劳动的贡献、资本的贡献和全要素生产率的贡献，所以全要素生产率就是一个残差——把经济增长速度减去劳动和资本增长速度的一个加权平均值，剩下的就是全要素生产率的贡献。

但是这里有一个很大的问题，就是资本积累是不是伴随着技术进步，即所谓的镶嵌式技术进步？在像中国这样的发展中国家，资本积累的过程实际上也是技术提高的过程，比如，原来的一条流水线更新为崭新的流水线，资本是增加了，难道技术就没有提高吗？肯定提高了，否则企业家没有动机去做这样的事情。但是，在计算索洛残差的过程中这个贡献全算作了资本的贡献，所以估算出来的全要素生产率就被低估了。这是一个问题。

另外一个问题，全要素生产率是顺周期的，经济周期高涨的时候，它肯定高，因为需求增加，整个生产都满负荷运转，所以全要素生产率就高。我国 21 世纪头 10 年是高速增长的时期，全要素生产率也非常高，每年可能都是 3%，甚至更高。但是，过去 10 来年外部需求增长降速，很多企业没有满负荷生

⊖ 罗伯特·索洛（Robert Solow, 1924—），美国经济学家，因在经济增长理论方面的贡献获得 1987 年诺贝尔经济学奖。

产，可是资本没有消失，还在雇用劳动力，甚至还增加了，所以体现出来的全要素生产率自然就下来了。

除此之外，我们还要注意到，过去 10 多年时间里，我国的很多资本积累都是在基础设施方面形成的，而基础设施的生产性功能已经大大降低，类似我们前面讲到的资本的边际报酬下降。但我们建设高速公路、高铁、地铁有没有用？当然有用，提高了老百姓的福利。基础设施的作用永远是两方面的，一方面会提高生产的效率，另一方面会提高老百姓的福利，因为生产者在使用，消费者也在使用。而过去 10 多年里，我国主要的基础设施建设更加偏向于消费者。我们国家有城市地铁赢利的吗？好像广州的赢利，但除此之外很少有赢利的，北京对地铁的补贴是海量的。然而，地铁的建设没意义吗？当然是有意义的，解决了每天几百万、上千万人的出行问题。经济学家把地铁的投资算到资本积累里面，用全要素生产率来衡量它对经济增长有多大贡献，这是没多少意义的。全要素生产率是一个有用的概念，但是不能将其夸大，特别是在用其分析中国问题时一定要小心。

经济学是科学吗

前面把经济学的基本概念梳理了一遍。我们看到，在方法的科学性上，经济学可能是最接近自然科学的社会科学，而且，经济学还有诺贝尔奖（尽管它不是原始的诺贝尔奖，出资方也不是诺贝尔基金会，而是瑞典中央银行），所以大家就会觉得经济学也是科学。

对于这个问题，首先涉及对科学的定义。根据波普尔的定义，检验科学的唯一标准是可证伪性。这个定义也许不完整，但它是一个最清晰的定义。什么叫可证伪性？意思是一个理论预测是不是可以被实验、现实数据或观察所检验，即在原则上理论预测可以被证明是错的，这样才是科学。对比一下神学，我们发现所有的宗教都有关于死后的世界的描述，如果没有这类描述就不可能成为一个宗教，而死后的世界不满足可证伪性，因为你永远没办法去证明它的真伪，所以宗教一定不是科学。

那么，用这样的一个标准来看经济学的话，经济学就没有达到科学的程度。很多的经济学理论在一定程度上带有不可证伪性。比如，我们说价格上升需求就下降，但有些时候这个判断并不成立，如吉芬商品，在消费者很穷的情况下，价格上升，需求反倒会上升。奢侈品更是如此，价格越高，反而越好卖。这里举一个 20 世纪 80 年代的例子。当时有人摆地摊卖西服，卖 50 元一件，但没人买。有人就给卖货的人支着儿说，你卖得太便宜了，如果卖 200 元一件肯定就能卖出去。西服在当时很稀罕，大家觉得这种稀罕物怎么可能在地摊上便宜卖呢？拿到店里卖 200 元一件才正常。

经济学的结论不满足可证伪性，主要是因为经济现象太复杂，在一个时间段、一个地方观察到的现象，在另外一个时间段、另外一个地方可能就观察不到了。有些经济学家就会趁机钻空子，说自己的理论没有被证实，是因为检验的数据出了问题。弗里德曼[○]更是把这个想法推向极致，说如果数据不符合理论，那一定是数据错了，而不是理论错了。

所以，经济学在可证伪这个意义上不是科学。但是，经济学的方法又很科学——我们有理论模型，我们收集数据去检验理论模型。在这个意义上，经济学可能比很多自然科学还科学，比如化学、生物学、生理学，还有心理学，这些学科在方法上未必比经济学高明。这些学科作为实验科学，都是在摸索，很大程度上是经验主义的。我之前遇到过一个化学家，他说："经济学家太厉害了。"我当时很高兴，因为第一次被一个自然科学家夸奖。我问他为什么这么说，他说因为经济学家可以写出那么复杂的理论模型，而我们化学没有理论。然后我追问："那化学干什么？"他把化学的英文单词 Chemistry 拆开来说："Chem is try！"直译过来就是："化学就是试一试！"

但是，方法科学是否意味着学科本身就是科学的呢？我觉得未必，经济学家不应该自大。我们在写理论模型的时候，一定需要抽象，一定是把现实简化了的，所以经济学只能说提供了片面而深刻的理论，而不是全面的、足以完整地描述现实的理论。

○ 米尔顿·弗里德曼（Melton Friedman，1912—2006），美国经济学家、货币学派的代表人物、自由市场的坚定捍卫者，因在货币理论方面的贡献获得 1976 年诺贝尔经济学奖。

思想的力量

然而，片面而深刻是重要的，理论最好片面而深刻，而不是全面而肤浅，否则一些大道理有的出租车司机也可以说得头头是道。我深信，如果理论不符合常理（common sense），那么这个理论肯定是错的，而经济学家的理论首先要符合那些出租车司机的直觉，但又要超越他们的直觉。在这种情况下，理论一定要片面而深刻，探索现象背后的逻辑，讲出一个完整的"故事"。

理论不是现实，理论是通过对现实的高度抽象得来的。那理论还有什么用呢？理论的作用是为社会创造思想，思想在社会中进行竞争，脱颖而出者转化为行动，改变社会。很多人都读过《人类简史》，作者尤瓦尔·赫拉利在书中表达的最核心的思想是，人类社会是由故事组成的，人类社会是构造出来的。这一点对学者来说其实并不是石破天惊的说法，但是因为这本书是写给大众看的，所以产生了轰动。故事的作用是什么？用来给社会和人生注入意义，构建一些模式和规范，简化我们的生活，指导我们的行动。

思想的力量很伟大，也很具有破坏力。中国人不信神，很少人会因为思想去进行战斗，中国古代很少有因为思想而爆发的战争，大多是因为利益。西方早期也是如此，但当欧洲有了宗教之后，战争往往就会因为宗教而产生。我们可以看到人类在编故事方面的能力，以及人类会愚蠢到相信自己的故事，并为自己的故事而牺牲那么多人的性命。思想或故事实在是太具有破坏力了。

相比于其他社会科学的故事，经济学的故事有一点儿冷酷，因为经济学家假设人是理性的，经济学家所讲的故事是从人类社会行动的底层逻辑出发的。这一点很重要。我发现很多人文学者完全生活在自己构造的故事里，他们研究的东西是在人类思想的最上层，在那里，好多逻辑已经不是人类社会的底层逻辑了。而经济学研究人类社会行动的底层逻辑，往往也就能揭示出人类社会的一些实实在在的行为动机和行为模式。

一个重大区别是，按照上层逻辑去思考，往往就很容易道德先行。但有的人文学者往往孤芳自赏，对经济学的底层逻辑表示不屑。我的中文系朋友韩毓海是一位很有影响力的知识分子，有一次我请他去参加一个民间读书组织总裁读书会的活动，我领读一本书，请他做评论。他上来就说："你们一股铜臭味，'总裁读书会'这个名字就不够斯文。"

相比较而言，经济学家更接地气一些，也容易构建逻辑一致的故事。道德先行则不然。人类的道德规则很多都是矛盾的。比如，我们过去常说"忠孝不能两全"，所以岳飞母亲一定要在岳飞背上刺上四个字"精忠报国"。还有那个经典的女朋友之问："我和你妈都掉到水里，你先救谁？"这是一个没有解的问题，因为它把两个美好的事物（爱情和亲情）放在一起让人选择。人类社会就是在这样的道德难题当中跌跌撞撞走过来的。

人类解决这些难题的办法往往是机会主义的、随机应变的，比如，如果女朋友和妈妈都掉到水里了，男生做的，十有八九是先救离得近的那个人。但理论不能随机应变，而是必须具备一致的逻辑。

经济学从人的底层逻辑出发，就不会产生冲突。这并不是说，按照经济学家的方法去做就是对的，或者是最好的，但至少经济学逻辑具有一致性，不会让大家陷入矛盾之中。道德是重要的，但是社会运转需要一个底层逻辑，法治的作用就在于此。挖掘底层逻辑，经济学虽然不是自然科学那样的科学，但是贡献的思想却是很有用的。

经济学的缺陷和不足

我们一直说经济学是用自己的理论模型解释世界，所以当我们把经济学的结论应用到现实中，特别是在给政府提建议的时候，就要非常小心，要意识到经济学理论只追求片面的深刻。

在这方面，我认为宏观经济学的问题最大。大在哪里？宏观经济学提出的政策是影响全局的，如果我们的宏观经济学家没有意识到这一点，把自己的理论模型当作现实，在给政府提建议的时候就会出现很大的偏差。

现在的宏观经济学家最大的问题，是在做理论研究的时候，认为如果模型能够和现实的数据相吻合，这个模型就是对的，然后就按照这个模型去提建议。这太机械了。宏观经济学的模型省略了很多东西，就是罗默所说的小妖魔。而宏观经济学流派中问题最大的就是供给学派，他们的模型里没有货币，所有的变量都是实物量。作为对凯恩斯[⊖]的经济学的反动，供给学派加深了我们对宏观经济的认识，但这个反动走过头了，严重脱离现实。比如，在真实经济周期理论里，经济周期是由外部冲击造成的，或者用罗默的话来说，就是用一个不能解释的小妖魔来解释经济周期。但这根本不是解释，只是模拟经济周期而已。没有货币，这样的模型怎么可能解释金融危机？

很多宏观经济学研究是在模拟现实，而不是解释现实。这是我觉得宏观经济学走入歧途的一个非常重要的原因。宏观经济学家认为经济学是科学，如果他们的理论模型可以模拟现实，他们的任务就完成了。我认为这是一个错误的认识。

经济学（包括宏观经济学）的主要任务还是在于解释和理解现实。比如在经济下行压力很大时，政府应该怎么办？按照标准的宏观经济学理论，应该多发货币。但多发货币以后的结果是什么呢？产生了巨大的分配效应——实体经济没起来，钱都被金融界的人赚去了，他们之间相互买卖，把价格炒上去，都赚钱，都高兴。但这种从空气里赚的钱根本没有现实的支撑。宏观经济学家会挥挥手，在写模型的时候以金融摩擦概括这些现

⊖ 约翰·梅纳德·凯恩斯（John Maynard Keynes，1883—1946），英国经济学家，宏观经济学之父，代表作《就业、利息和货币通论》。

象了事。但经济学家应该做的，是去发现和解释现实中摩擦的具体形式，比如银行的国有企业偏好、地方官员的投资意愿、制约民营企业复苏的瓶颈等，总而言之，要解释货币的微观机制为什么失灵，为什么阻碍了资金流入实体经济。这需要经济学家一个一个问题地去做具体分析，这才是正确的做法。

微观经济学也有一些问题。因为意识到经济学科学性不足，实验成为一个时髦的东西，几位实验经济学家还为此获得了诺贝尔经济学奖。做实验的目的是在可控的环境里检验经济学的理论或政策建议。做实验有用吗？我觉得只有在做项目评估时才有用。比如一个政府项目需要先试一试，就可以用随机控制实验的办法，而不是选取典型地区。项目完成之后也可以用这套办法去评估。但是，随机试验所产生的结论，应用范围可能是比较小的，我们对它的使用需要非常小心。而且，现实中只有一小部分问题可以通过随机控制实验进行测试，绝大多数情况下经济学家还是需要去现实中获取数据，特别是在新政治经济学领域，根本不可能做实验，比如我们无法要求政府帮我们做一个官员调动的实验。政府的制度和执行必须是普适的，不可能做随机控制实验。

另外，我们不能把经济学的一些结论推向极致，特别是遇到社会问题的时候。几年前，有一位经济学家提出，可以进行生育指标买卖。生育指标买卖，按照经济学的逻辑很正常——有的人不想生可以把指标变现，有些人愿意生就可以买指标多生，这样我们总体的人口没有变化，而且大家的福利水平都提高了。不过，这位经济学家的建议提出来之后，立刻引发了激烈的争议。这个经济学家哪里错了呢？主要是他把经济学的逻辑推向了极致，具体来说有这样几个原因。第一，民众觉得生育权怎么可以用来赚钱？生育权是一个很神圣的东西，是和人的基本权利联系在一起的，怎么能把这种基本权利变现呢？第二，公平问题。哪些人能买得起生育权？肯定是有钱人。所以这样做最后的结果可能是有钱人生很多孩子，而这样的结果想必不是大家愿意看到的。所以说，经济学家在遇到社会问题、政治问题的时候，不能把经济学的逻辑推向极致。这是经济学家需要警惕的地方。

第 三 章

经济学的发展脉络

THE MEANING OF
ECONOMICS

这一章我们从纵向入手，来简要梳理一下经济学的发展脉络。在第一章里，我已经谈过亚当·斯密和他的《国富论》。斯密的出发点，是在人性解放之后为人的自利行为找到一条符合社会整体利益的途径，在当时他所处的知识圈子里这并不是什么特别的创新之举。斯密的学说变得流行起来还要等几十年之后。但《国富论》在今天被奉为经济学的开山之作，还是有道理的，因为斯密在这本书里构建了经济学体系的基本框架，而且通过对"看不见的手"的论述，揭示了市场的效率。本章接着往下谈，介绍斯密之后的经济学脉络。

马尔萨斯

亚当·斯密所处的，是英国工业革命已经开始的时代，马尔萨斯[⊖]比他稍晚一些。当时工业革命已经有了一些动向，但是，他们都没有看到英国正在发生一些革命性的变化。比如，瓦特改良蒸汽机和亚当·斯密发表《国富论》都是在 1776 年，但是蒸汽机的应用是一个非常缓慢的过程，在技术上改良之后，蒸汽机的制造还要花很大的力气。于是，瓦特就跟英国当时最有名的铸铁师联合起来，后来又有一些资本注入，生产蒸汽机。但到蒸汽机真正大范围发挥作用，已经是 19 世纪二三十年代了。对亚当·斯密和马尔萨斯来说，英国未来一段时间的经济能够保持这一段时间的增长速度已经很不错了，他们根本没有看到的是，英国正在发生一场巨大的工业革命，一个新的文明就要到来了！

马尔萨斯能看到的仍然是过去那种现象——人口的增长。马尔萨斯担心，人口呈几何级数增长，而产出是呈算术级数增长，那早晚有一天产出的增长会赶不上人口的增长，粮食会不够吃。从学术的角度来说，马尔萨斯已经给我们提供了一种动态均衡的概念，就是说，有两个运动的量，一个是粮食产量，另一个是人口数量，那什么时候它们会到达一个稳定点呢？马尔萨斯认为，当每个人的收入等于他的生存收入的时候，人口就不再增长，粮食产出也刚好足够，经济会进入一种稳定状态。后人把这种状态叫作马尔萨斯陷阱。

⊖ 托马斯·罗伯特·马尔萨斯（Thomas Robert Malthus, 1766—1834），英国教士、人口学家、政治经济学家，以人口理论闻名于世，代表作品《人口论》。

在短期内，经济是可以偏离这种稳定状态的。如果粮食产量提高了，那每个人能吃的就多了，人口就会增长，但人口增速高于粮食产量的增速，最后人口又会被拉回来；反过来，如果粮食产量下降，那相应地人口也会减少，人均粮食增加，最后又会回到原先的稳定状态。特别是当人口增长过快的时候，就会出现后来人们所说的"马尔萨斯杀手"（Malthusian checkers），就是战争、瘟疫等导致人口大规模减少的事件。在工业革命之前，这样的事件反复出现，在欧洲最近一次出现的是始于 14 世纪并持续了几个世纪的黑死病。

大卫·李嘉图

大卫·李嘉图和马尔萨斯基本同时代，但出生稍晚一点。李嘉图比马尔萨斯要乐观一些。马尔萨斯只考察了粮食生产，而李嘉图把工业生产也考虑进去了。工业和农业不同之处是拥有资本积累的能力，这样经济可以不断扩大。这给经济注入了一个新的动力。在马尔萨斯那里，人口会在唯一的马尔萨斯陷阱附近徘徊。但是资本的不断增加，会推动产出的增加，产出增加后就可以供养更多的人口，尽管长期来看经济仍然会陷入马尔萨斯陷阱，但人口却是不断增加的。

这有点儿像后来刘易斯⊖所说的劳动力的无限供给。

⊖ 威廉·阿瑟·刘易斯（William Arthur Lewis，1915—1991），出生于原英属西印度群岛圣卢西亚岛（现为圣卢西亚）一个黑人移民的家庭，经济学家、作家。1979 年因在发展经济学方面的开创性贡献而获得诺贝尔经济学奖。

刘易斯认为，在发展中国家，工业劳动力供给是在生存工资水平上的一条水平线，其价格弹性等于无穷大，在这个意义上，劳动力供给是无限的。在李嘉图那里，资本家掌握资本，用资本进行再投资，产出因此增加，那产出增加后的剩余给了谁呢？因为就长期来说工资没有变，剩余全部给了资本家。资本家用这些剩余再次扩大生产，整个经济就在一个接近刘易斯所描述的"劳动力无限供给"的状态下无限扩张。这是李嘉图看到的世界，比刘易斯早了 100 多年。

李嘉图还提出了级差地租的问题。在刚才的描述中，我们没有考虑资源约束问题，没有讨论人口是怎么喂养的。李嘉图比马尔萨斯稍微乐观一点，他认为土地是可以扩张的。一开始开垦的是比较好的土地，人口膨胀之后，社会就去开垦差的土地。这样一来，原来的土地就会产生超额地租，因为它开垦比较容易，肥力较高。随着开垦的土地越来越差，成本也越来越高，早期开垦的土地的级差地租就会越来越高。

我们今天记得的李嘉图的一个更为重要的贡献是他的比较优势理论。李嘉图讲的比较优势，是成本比较优势。一个国家也许做什么都比另外一个国家有效率，但考虑到两个国家的工资差距，并不是更有效率的国家把所有事都做了，根据成本比较优势就会产生国际生产分工。我们可以想象，把所有产业按照劳动生产率从低到高排列起来，A 国任何一个产业中的任何一个工人，可能都比 B 国同一个产业中的工人的劳动生产率更高。如果按照绝对优势，那 A 国应该把所有的产品都生产了，

B 国什么也不用生产。但是，A 国的工资比 B 国的高，高工资就不应该做低劳动生产率的行业，而是要把它们让出来给 B 国，自己专注于做高劳动生产率的行业。这样就产生了 A 国和 B 国之间的国际分工，A 国专注于做较高端的行业，B 国专注于做较低端的行业。B 国要赶上 A 国，就必须提高劳动生产率，而工资取决于劳动生产率，所以，劳动生产率提高了，B 国的工资也会提高。

实际上，比较优势理论也是我们前面讲过的经济中必然存在反作用力的例子：即使一个国家的劳动生产率高，它也不会永远爆炸式地增长下去，一定存在一个回拉的反作用力和它相抗衡。

顺便说一下，我总觉得宇宙大爆炸理论也是错误的，宇宙不应该是一直扩张的。我感觉，在某个地方，一定存在一个负反馈力。牛顿发现的万有引力，似乎就是这种负反馈力。我搞不明白的是，万有引力和宇宙扩张的理论之间是有冲突的吧？除非扩张的力量太大了，远远超过万有引力，但也有可能是因为我们还没有发现相应的负反馈力。

那么，在比较优势中，这个负反馈力就是成本。这就是李嘉图比较优势的真谛。后来比较优势理论发展出赫克歇尔 – 俄林模型（H-O 模型），是基于禀赋（如劳动力或资本）的比较优势，这也是林毅夫老师总讲的禀赋优势。但是，如果禀赋优势离开了 2×2 模型（就是两个国家、两种产品），它在事实上是没有预测能力的，只有在一定的假设下，才能得出来预测结果。如果变成 3×3 或者更高维度，你根本就计算不出来比较优势。

我个人觉得，还是李嘉图的成本比较优势最简单、最直观。我给 MBA 学生讲课，就是讲李嘉图的成本比较优势，而且可以画出动态图。比如，中国的劳动生产率一直在提高，工资也在上涨，但是工资上涨的速度没有劳动生产率提高的速度快，而美国刚好是反过来，在比较长的时间里，劳动生产率的提高速度没有工资的上涨速度快，所以，中国一直在增强成本比较优势，中国生产的东西也越来越多。这个模型可以容纳无数多的产品和许多国家，而且很直观，同学们很容易理解。如果你要用禀赋比较优势，就说不清楚了。人类并不擅长思考多维的问题，因为存在各种各样的可能性组合，而成本比较优势作为一个单维的问题，比较清晰，也可以做预测。

马克思对资本主义的批判

到李嘉图为止，经济学仍然是在关注一个国家的整体发展。当然，其中也有一部分政治经济学的东西。在那个时代，经济学也讲人与人之间的经济关系，但总体而言是在讲一个国家怎么发展。马克思在批评之前的经济学家时，就直接叫他们为"国民经济学家"，因为他们考虑的是国民经济的整体发展。我觉得，从经济学的角度看，马克思主要的贡献是真正开创了政治经济学。

马克思分析市场中的雇佣关系，这完全是个政治经济学的问题。从他分析的角度推演下去，就会产生剥削这个概念。马克思的分析起点是劳动价值。当然，劳动价值并不是他发明的，这是个古老的概念，至少洛克就认为，财产是经由劳动产生的，而只有通过劳动获得的东西才是正当的。马克思将这一概念用来分析资本主义社会。资本主义的生产由劳动和资本完成，但资本获得收益是不正当的，因为只有劳动者才可能生产价值。资本获得了什么？就是劳动者的剩余价值。有了剩余价值，那就有了剥削。

后来马克思写《资本论》，是想给出一个更严谨的论证，证明资本主义会制造自己的掘墓人。资本家唯一的目的就是积累资本，按照我们今天的说法就是资本深化。在这一过程中，活劳动占的比例越来越少，固化劳动占的比例越来越多，在剥削率不变的情况下，这会导致利润率的下降。这和经济学里的资本边际回报率下降有异曲同工之处，固化劳动占的比例的不断上升会最终导致资本主义无利润可赚，最终走向灭亡。

当然，马克思的论证缺少了一些东西，最重要的就是缺少技术进步；随着技术进步的累积，剥削率甚至还有可能提高。另外，积累资本也是可以提高生产率的，就是我们前面说过的嵌入资本的镶嵌式技术进步。在这种情况下，资本主义并不会轻易灭亡。

马克思也有他的时代局限性，因为他没有意识到技术进步会如此之快，在他那个时代电气化对经济的重塑还没有完全展开。像亚当·斯密生活在工业革命将要爆发的时候一样，19 世纪中后期电气化革命也才刚刚起步，马克思也没有意识到电的普及将会给世界带来什么改变。但是，从纯经济学的角度来看，我觉得马克思的贡献非常大，他让我们去关注政治经济学问题，特别是产权的分配和最终产品的分配。

边际革命

到了 19 世纪下半叶，边际革命兴起，奠定了现代经济学的基础。我们讲过，在此之前的经济学主要是关注一个国家的经济发展，马克思关注的是政治经济学，而边际革命中的这些人，像瓦尔拉斯[⊖]和门格尔[⊜]，关注的是个体的决策。

也许是受边沁[⊜]的功利主义的影响，他们在这时候就提出了效用的概念。边沁认为批判社会好坏的基础应该是个人的幸福，整个社会的道德目标应该是最大化所有人的幸福的加总。边际革命的这批人，应该也已经意识到这个问题，由此产生了效用的概念，然后在这一概念的基础上来分析个人的决策，后来又

⊖ 里昂·瓦尔拉斯（Léon Walras，1834—1910），法国经济学家，开创了一般均衡理论，经济学边际革命领导人。

⊜ 卡尔·门格尔（Carl Menger，1840—1921），奥地利经济学家，现代边际效用理论的创始者之一。

⊜ 杰里米·边沁（Jeremy Bentham，1748—1832），英国法理学家、哲学家、经济学家和社会改革者，功利主义先驱，代表作品《道德与立法原理导论》和《政府片论》。

加上企业的决策。其中贡献最大的是瓦尔拉斯。我们今天写在
教科书里的一般均衡，就叫瓦尔拉斯均衡，因为是瓦尔拉斯发
明了一般均衡这个概念。当然了，如果你读《国富论》，会发现
亚当·斯密其实已经把这个框架说了一遍。但是，瓦尔拉斯用
数学语言把它写下来，把均衡价格归结为一个平衡供需关系的
方程组的解，这是非常了不起的一件事情。

在边际革命中，现代经济学的基础就已经奠定下来了。到
了马歇尔⊖就形成了所谓的新古典经济学，就是把边际革命的成
果综合起来变成了一个完整的体系。这就是 19 世纪下半叶经济
学所完成的事情。

但是要注意，现代经济学完成之后的传播也是比较慢的。
比如在当时的美国，人们一直就不接受这种思想。那时主导美
国经济学的是制度学派，今天叫作老制度经济学派，特别有名
的是威斯康星的康芒斯⊖。这个学派在某种程度上继承了马克思
的政治经济学，不过是叫作制度经济学派而已。那我们现在为
什么叫它老制度经济学派呢？因为后来还有新制度经济学派。
老制度经济学派像马克思一样关注雇佣关系、产权和产品分
配，所以康芒斯不仅做学问，还参与工人运动，做工会的顾问。
而且，在他的领导下，美国建立了国民经济研究局（National
Bureau of Economic Research，NBER）。想象一下，现在赫赫

⊖ 阿尔弗雷德·马歇尔（Alfred Marshall，1842—1924），英国经济学家，
新古典学派的标志性代表人物。
⊖ 约翰·康芒斯（John R. Commons，1862—1945），美国经济学家，美国
制度学派代表人物之一。

有名的 NBER，是由一些左翼经济学家建立的。换句话说，在萨缪尔森之前，主导美国半个世纪的经济学，实际上是一种批判性的经济学——批判主义的政治经济学。

再回到第一章提出的问题：经济学有用吗？美国在 19 世纪下半叶和 20 世纪上半叶的经济增长是非常快的，但它并没有像英国的那种真正搞经济学研究的人，有的都是从制度经济学的角度来批判社会的人，但是美国照样发展得很好。经济学有用吗？这是对我们经济学家提出的很重要的疑问。

凯恩斯的宏观经济学

进入 20 世纪 30 年代，欧洲大陆发生了凯恩斯革命，这是非常重要的一个事件。在凯恩斯之前，是没有宏观经济学这个概念的。凯恩斯的经济学产生于 1929 年大萧条：大萧条来了，怎么提振经济？在思考这个问题的时候，凯恩斯发明了宏观经济学。

在凯恩斯之前，经济学家并没有完全搞清楚经济整体是如何运转的。凯恩斯之前的经济学家从微观主体出发，在实物经济里寻找均衡。在一般均衡分析中，价格是由供需相等决定的，这是一种均衡关系。经济可以离开均衡那么一点点，但是很快又会回到均衡，所以产出量几乎永远等于消费量。

但凯恩斯说，在有些时候不是这样的，会出现一个非平衡。

特别是在萧条时代，生产能力大于需求。凯恩斯明确提出了总量的概念，比如总供给、总需求、就业、利率、价格水平，等等。他特别指出，总需求由投资和消费组成，由于投资的收益在未来，它和过去说的资本不是一回事，经济学由此进入动态分析的年代。凯恩斯提出了一套基于总量概念的分析框架，它成为日后宏观经济学的基本模型。就政策而言，凯恩斯认为，在萧条情况下，政府应该进行需求管理，通过财政和货币政策刺激投资和消费，以拉动经济的运转。

凯恩斯经济学在大萧条之后受到各国政府的追捧，罗斯福新政就在很大程度上受到它的影响。二战之后，美国继续实施凯恩斯式的财政和货币扩张政策，导致了 20 世纪 60 年代末期开始的滞胀。但这显然不是凯恩斯本人的问题，因为他的经济政策建议是为萧条时期准备的。

新冠疫情来袭，很多国家经济进入萧条，消费不足，因而凯恩斯的经济政策再次得到应用，普遍的做法是给企业和居民发放现金补贴，一是防止企业倒闭，二是提振消费。在这个时候，投资因为受预期减弱的影响一时无法启动，消费尽管受个人收入的影响，但根据凯恩斯的理论，消费有两种，一种是收入引致的消费，它受到收入的限制；另一种是自主性消费，不受个人收入的影响，政府可以通过发放现金启动这部分消费。从目前效果来看，多数国家还是取得了效果。当然，美国、欧盟和日本可能做过头了，新发行了海量的货币，造成了通货膨胀。

在创建宏观经济学之外，凯恩斯的另一个贡献，是把货币重新引入了经济学。在这之前，经济学家只研究实物经济——这当然是跟金本位有关，货币本身就具有价值。到了凯恩斯的时代，金本位已经没有了，中央银行体系开始建立，国家掌握了自由发行货币的权力，这就增加了货币这个名义变量。凯恩斯在货币与实际经济变量之间建立起一种联系，由此，我们可以研究货币发行如何影响实物经济的运行。这是他的一个非常重要的贡献。可惜，在供给学派在 20 世纪 70 年代兴起，而且其方法开始主导宏观经济学研究之后，宏观经济学家把凯恩斯的这个贡献忘记了，直到 2008 年全球金融危机之后才有所改观。

经济学大厦的完整建构

接下来，就是萨缪尔森，他把新古典经济学进一步细化并形成更加严密的体系。我们今天学的中级微观经济学，其实大都是萨缪尔森在 1947 年发表的《经济分析基础》里建立起来的，他用严谨的数理逻辑证明了一系列经济学定理。这是一个非常重要的贡献。萨缪尔森可以说是新的集大成者，你会发现他在许多领域都做出了贡献。难怪诺贝尔经济学奖在第一年授予欧洲经济学家之后，第二年就授予了萨缪尔森。

我们之前说过，将经济学大厦最终建构完整的是阿罗和德布鲁。他们一开始写了一篇文章，后来它变成一本书——《价值理论》(Theory of Value)。他们的这部著作有两个显著的贡献。

一个是进一步确定了一般均衡存在的一些条件。比如，生产技术必须是凸集。简单来说，就是生产技术必须是规模报酬不变或者规模报酬递减的，不能是规模报酬递增的。在这个前提下，他们可以用数学语言把一般均衡写出来。另一个更为显著的贡献是，他们用集合论的数学语言把一般均衡理论写出来了。集合论是高阶的数学，经济学理论可以用这样高阶的数学来表达，可见经济学的严谨性！阿罗和德布鲁大大地提高了经济学的严谨性，直到现在也不过时。现在美国博士生的高级微观经济学教材《微观经济理论》也使用了集合论的概念和工具，但仍然没有达到《价值理论》的程度。

所以，到 20 世纪 50 年代，经济学的体系基本上就完备了。直到今天，我们在这方面也没有多大的发展，还在这个框架里面。后来有些人还做了一些研究，比如研究经济离开了均衡，要怎么再回去，但后来大家发觉这没什么大的意义。事实上，经济学家明白，一般均衡理论只是理解现实世界的一个工具，它不是现实。既然是这样，你去研究它怎么达到均衡，就没多大意义。均衡本身就是个分析工具，只是用来理解现实的。

顺便说一下，阿罗其实应该得三次诺贝尔经济学奖，一次是因为《价值理论》(他和德布鲁都是因为这本著作得奖的)，一次是后面我要讲的社会选择理论，还有一次是他对风险的研究。另外，阿罗和萨缪尔森是亲戚，他娶了萨缪尔森的妹妹。萨缪尔森的一个弟弟也是经济学家，不过因为兄长太出色了，他便把自己的姓改成了萨默斯（Summers）。今天中国人比较熟悉的拉里·萨默斯[○]是老萨默斯的儿子，他顶着伯父和姑父的光环，加上自己极高的智商，在美国学界和政界都做得风生水起。

经济学花了 100 多年的时间，从边际革命开始，进行了几次改造，先是马歇尔的综合，然后是萨缪尔森的综合，最后到达了阿罗和德布鲁的体系。这是一个逐步数学化的建构过程，到了《价值理论》就完备了。我估计数学系的有些人读不懂这本书，因为他们不理解经济学的架构，也就无法理解如何用集合论来进行抽象表达。

刘易斯、舒尔茨开创的发展经济学

既然说经济学的理论大厦在 20 世纪 50 年代就已经完整了，那之后的六七十年经济学还干了什么呢？经济学在其他方面还是有很多发展的。第一个发展就是研究发展中国家，从而形成了发展经济学。这和当时殖民地纷纷独立的时代背景有关系，殖民地纷纷独立，诱导发达国家的经济学家去研究不发达国家。新独立的国家为什么不发达？一些经济学家认为，不发达国家还没有进入资本主义经济形态。刘易斯提出了二元经济结构学说，就是说，一个不发达国家内部有两种经济，一种是传统经济（农业），一种是资本主义经济（工业），国家发展的目标就是要让传统经济过渡到资本主义经济。那怎么去发展呢？刘易斯

○ 拉里·萨默斯（Larry Summers，1954— ），毕业于哈佛大学，曾任世界银行首席经济学家、哈佛大学校长、美国财政部部长。

提出了剩余劳动力学说：在传统经济里很多人对整个社会产出的贡献为零，因此是剩余劳动力，这是一个巨大的资源。国家可以建设一些公共工程，雇用这些剩余劳动力，他们就有了收入，有了收入之后，他们就有了需求，有了需求，整个经济就活了。

其实在这里，刘易斯已经用到了凯恩斯的一些想法，尽管他没有直接引用。凯恩斯认为，货币并不是中性的，在萧条的情况下，给经济注入货币是有用的。刘易斯这里也是一样的，政府想雇人建设公共工程，但并没有钱，怎么办？自己印钱。在存在闲置资源的情况下，通过注入货币，整个经济就活了。

刘易斯的对立面，就是舒尔茨。舒尔茨是林毅夫老师的导师，芝加哥学派的奠基人之一。他是威斯康星大学农业经济系（简称农经系）的博士，和我是系友，至今农经系里还挂着他的照片。不知为什么，他没有继承威斯康星大学的进步主义传统，而是成为二战后一段时间美国右翼经济学的堡垒芝加哥学派的奠基人之一。

舒尔茨坚定地认为，哪怕是在传统经济当中，基本的经济学的概念和分析方法都是适用的。我在前面提到他的"贫穷但有效"假说，说的就是，传统社会不存在所谓的剩余劳动力，也不存在工资和劳动边际产出脱离的现象。传统经济中劳动力的边际产出很低，但还不至于为零。这和刘易斯的观点刚好相反。舒尔茨用1918年大流感来说明这个问题。按照刘易斯的估计，印度的农业部门至少存在 1/4 的剩余劳动力。在 1918 ~ 1919 年，印度因大流感死亡了几百万人，在这种情况下，如果确实存在剩余劳动力，按理来说工资应该是不变的。但是，舒尔茨根据人类学家的记录发现工资实际是上涨的，因此他得出结论，印度不存在大量的剩余劳动力。后来，舒尔茨在 1964 年写了一本书，叫作《改造传统农业》。在这本书中，他定义了什么叫传统农业，提出了"贫穷但有效"假说。此外，舒尔茨还提出了人力资本的概念，这也是一个很大的贡献。

很有意思的是，刘易斯和舒尔茨在 1979 年同时获得了诺贝尔经济学奖。两个人的观点完全相反，却能够同时获奖，这在自然科学界是不可能发生的。顺便说一下，刘易斯还是迄今为止唯一获得诺贝尔经济学奖的黑人，自然科学界还没有黑人得过诺贝尔奖。

刘易斯的剩余劳动力学说引起了学术界持久的争论。我读硕士的时候，跟着林毅夫老师写论文，林老师让我研究的课题就是中国是否存在剩余劳动力。林老师是舒尔茨的关门弟子，受舒尔茨的影响，认为中国没有剩余劳动力。我的论文研究发现，的确不存在边际产出为零的剩余劳动力，但可能存在阿玛蒂亚·森[⊖]意义上的剩余劳动力，即农村地区存在劳动在家庭内部的分担，当一个劳动力外出务工之后，留在家里的人会延长

⊖　阿玛蒂亚·森（Amartya Sen，1933—），印度经济学家，因在福利经济学领域的贡献获得 1998 年诺贝尔经济学奖。他是发展中国家第一个获得诺贝尔经济学奖的人。

工作时间，从而让产出保持不变，在这个意义上外出务工的那个人就是剩余劳动力。

顺便说一下，因为跟着林老师写论文，我第一次接触了国外的文献，第一次阅读英文论文。记得有一次我到中国社会科学院（简称社科院）经济所资料室去查论文，管理员非常兴奋，和我一起下到地下书库，找出尘封已久的杂志，并帮我复印。森的那篇文章就是这样找到的。当时我正准备考托福和GRE，阅读英文论文对我帮助不小。

剩余劳动力学说很适合解释中国2010年以前的增长。由于农村存在大量的剩余劳动力，中国工业基本上可以在不变的实际工资水平上扩张，出口大增，资本快速积累，实现了李嘉图式的经济增长。2010年之后，剩余劳动力基本消失，一个表现是农村地区的工资水平快速增长，返乡就业的人越来越多，带动了中西部地区的发展。像我老家江西省新干县，过去十几年里，返乡创业的人建立了两个产业，一个是箱包，一个是灯具，带动了全县的发展，老百姓的收入水平大幅度提高。

回到20世纪50年代，那是一个新思想爆发的时代。在刘易斯的基础上，发展经济学发展得非常快，特别是意识到了规模报酬递增的意义。一个著名的例子是我们之前提到过的大推进理论。每个企业都具有规模报酬递增的技术，为此必须让其生产规模达到盈亏平衡点所要求的最小规模。如果只有一家企业生产，可能永远也达不到盈亏平衡点，因为其他人都很穷，没有对这家企业产品的需求。那怎么办呢？需要政府来协调，大家一起行动起来建立企业，创造收入，这样所有企业都可以达到盈亏平衡点。

规模报酬递增会产生一种水平的外部性，这种外部性我们叫作金融外部性。就是说，每个企业生产都会创造收入，创造收入后就会对其他企业产生需求。这种外部性和通常所说的外部性不同，不是 A 直接对 B 发生作用，而是通过市场机制发生作用。还有一种垂直的外部性，赫希曼⊖模型说的就是这种外部性。比如，铁路是经济发展所必需的产业，而且具有规模经济效应，如果下游企业不够发达的话，对铁路的需求就不足，从而没有人去修建铁路。这就要求政府做协调工作，或对铁路进行补贴，铁路才能生存下来，下游企业也能受益。

20 世纪 50 年代的另一个非常重要的思想，是中心 - 外围假说，后来发展为依附理论。这个假说把国家分成中心国家和外围国家，中心国家生产制造业产品，外围国家只能生产原材料。

这一理论的提出者普雷维什⊜当时问了一个很好的问题：发达国家生产制造业产品，技术进步非常快，按理说制造业产

⊖　阿尔伯特·赫希曼（Albert Otto Hirschman，1915—2012），出生于德国的犹太家庭，著名的发展经济学家，代表作《经济发展的战略》《欲望与利益》。

⊜　劳尔·普雷维什（Raul Prebisch，1901—1986），阿根廷经济学家，依附理论的提出者，曾任拉丁美洲经济委员会执行秘书、联合国贸易和发展会议第一任秘书长。

品相对于原材料的价格应该会下降，发展中国家生产的原材料的相对价格应该会上升，也就是说，发展中国家的贸易条件应该是改善的，发展中国家可以享受到发达国家技术进步的好处，但事实上，这类事情并没有发生，那怎么解释这个现象呢？

事实上这是因为中心国家的技术进步不是垂直技术进步（垂直技术进步是指同一种产品越做越好，比如做杯子，做得越来越精致，越来越省钱），而是水平技术进步，这一次做杯子，下一次就做其他的产品。对中心国家而言，水平技术进步的好处在于会使其永远都保持垄断地位，获得超额利润。

现实生活中的技术进步，有垂直的，也有水平的，如果只有垂直技术进步，就会遇到困难。这就是摩尔定律⊖说的事情。按照摩尔定律，企业很快就不赚钱了，所以必须研发出新的产品来，比如手机就要不断地出新款，同一类型的手机搞得越来越精细，反而会不好卖，一定要进行水平研发，搞出一些新产品。所以，在水平技术进步的情况下，外围国家享受不到中心国家技术进步的好处。外围国家的经济就依附中心国家的经济，外围国家给中心国家提供原材料，无法实现自主发展。

这个想法和当时关于规模报酬递增的热潮结合起来，发展经济学界就形成了一个共识，就是发展中国家必须发展自己的

⊖ 摩尔定律是英特尔创始人之一戈登·摩尔的经验之谈，其核心内容为：集成电路上可以容纳的晶体管数目大约每过 18 个月便会增加一倍，价格会下降一半。

重工业，并进行保护。这就是所谓的幼稚产业⊖保护。那如何保护呢？具体来说，就是提高关税，提高进口商品在国内的价格，保护国内的产业。几乎所有的发展中国家都是这么做的，中国、印度、巴西都是如此。

不过，发展经济学虽然提出了规模报酬递增这个问题，但一直没有形成很好的包容规模经济的理论。在经济学中，一种理论要想成为可以传承的理论，它就必须用数学语言来表达，否则就传承不下来。在当时那种情况下，没有一个分析工具能让经济学家在一般均衡的框架下处理规模报酬递增，在阿罗 - 德布鲁一般均衡模型里，不允许存在非凸技术⊜。而现在发展经济学提出非凸技术，实际上是对经济学提出了一个巨大的挑战。

宏观经济学发展

20 世纪 60 年代后期美国进入滞胀，有人说这是凯恩斯政策导致的，认为凯恩斯经济学毁了美国经济，我认为这个说法是不准确的。事实上，美国是陷入了所谓的特里芬难题。1944 年布雷顿森林体系⊜建立之后，美元是与黄金挂钩的，35 美元

⊖ 幼稚产业是指某一产业处于发展初期，基础和竞争力薄弱，但经过适度保护能够发展成为具有潜在优势的产业。

⊜ 非凸技术是相对于凸技术而言的。这里使用了集合论的数学语言。通俗来讲，凸技术意味着，随着产量的增加，生产的机会成本会递增，因此企业生产无法实现规模报酬或不连续的跳跃。相反，非凸技术则可能造成规模报酬递增。

⊜ 布雷顿森林体系是以美元和黄金为基础的金汇兑本位制，其实质是建立一种以美元为中心的国际货币体系。

对应 1 盎司黄金，但这个体系的设计本身就有问题。按照凯恩斯的想法，他当时提出不光美元应该和黄金挂钩，英镑也应该和黄金挂钩，应该有两种主导货币，但是美国财政部拒绝了，它认为只能有一种货币与黄金挂钩。但问题在于美元不是世界货币，而是国家主权货币，是由美国自己主导的，一定程度上可以不受约束地发行。而到了 20 世纪 60 年代，美国因为打仗又需要钱，所以印了很多钞票，然后就出现了滞胀。随后尼克松关闭了货币兑换窗口，所以 1971 年布雷顿森林体系就崩溃了，美国也陷入了一个较长的调整时期。

这个时候供给学派就出现了。在这之前，还有弗里德曼的货币主义。弗里德曼认为，通货膨胀纯粹是个货币现象，发行的货币多了，自然会导致通货膨胀，央行正确的选择是让货币增速等于实际产出的增速。现在我们基本上接受了这个观点。那供给学派告诉我们什么呢？供给学派强调，不能像凯恩斯那样只考虑需求管理，他们认为美国经济的问题在于供给面。

从 20 世纪 70 年代到 80 年代，特别是到了 80 年代，美国和英国都向右转，美国是共和党的里根上台，英国是保守党的撒切尔夫人上台，主导着美国和英国的政策整体向右转。供给学派就成了主流，随之而来的就是整个宏观经济学的一个巨大转向。但这个转向有些过猛，不论是供给学派还是理性预期学派，他们的理论模型里已经完全没有货币了。他们希望把宏观经济学建立在一般均衡的基础上，这个导向是对的，但一旦考虑一般均衡，便回到了瓦尔拉斯的框架，就没有货币和名义变量了。比如真实经济周期模型里就没有货币，所有的扰动都是外生的。这带来了宏观经济学的一个大问题，即把不知道怎么解释的东西都归入扰动项，然后挥挥手说："我完成了解释的任务。"

在学术研究上，这个流派的宏观经济学主导了整个宏观经济学界几十年，直到 2008 年金融危机之后，宏观经济学家才重新把货币引入他们的思考。当然，并不是像凯恩斯那样简单地引入，而是在动态一般均衡的情况下在一个高阶的层面引入。这些变化使得现在的宏观经济学模型变得极其复杂。

博弈论

博弈论的出现可以追溯到 20 世纪 50 年代或更早，像冯·诺依曼[⊖]和赫伯特·西蒙[⊖]，都提出过博弈论的思想。特别是西蒙，他是一个文艺复兴式的人物，在许多方面都有贡献，最后他也获得了诺贝尔经济学奖，他在心理学、工程学、管理学、博弈论、计算机科学等方面也都做出了很大的贡献，而且都是原创性的，非常了不起。当然，真正奠定博弈论基础的是

⊖　约翰·冯·诺依曼（John von Neumann，1903—1957），美籍匈牙利数学家、计算机科学家、物理学家，是现代计算机、博弈论和核武器等领域内的科学全才，被后人称为"现代计算机之父""博弈论之父"。

⊖　赫伯特·西蒙（Herbert Simon，1916—2001），20 世纪的一位奇特的通才，研究工作涉及经济学、政治学、管理学、社会学、心理学、运筹学、计算机科学、认知科学、人工智能等广大领域，并做出了创造性贡献，1975 年获得图灵奖，1978 年获得诺贝尔经济学奖。

约翰·纳什[⊖]，他用数学里的不动点理论证明了后来被称为纳什均衡[⊜]的存在性。他是个数学家，但是他最大的贡献是在经济学领域，他也因此得了诺贝尔经济学奖。但可惜他在很长一段时间里，都处于一种癫狂的状态。得奖的时候他已经正常了，很可惜后来出了一场车祸，他和妻子都去世了。

约翰·纳什的贡献是非常大的。现在想起来，似乎纳什均衡是一个很简单的概念，每个人在做决策的时候，是给定其他人的决策，来做最优选择，最后共同找到一个最优策略组合。在数学上，就是应用不动点定理来证明这个最优组合的存在性。现在听起来似乎是一个很简单的东西，但在他那个年代，这是一个开创性的伟大理论。就像爱因斯坦，爱因斯坦想到 $E=mc^2$ 的时候可能就是突然一个灵感击中了他，他突然开了窍，构造了这样一个模型。纳什均衡是博弈论里最基本的一个概念，但在很长时间里博弈论并没有发展，因为这么一个简单的博弈，它的应用场景是比较少的。

但当信息经济学发展起来之后，一下子博弈论的应用场景就广阔起来了。在一般均衡里实际上没有买卖，也不考虑信息问题，所以博弈论无用武之地。等到信息经济学发展起来之后，忽然新的领域就打开了。同时，经济学的八爪鱼也开始将触手伸向其他领域，特别是政治学和社会学。所以像加里·贝克，

⊖ 约翰·纳什（John Nash，1928—2015），数学家，纳什均衡的提出者，1994 年获得诺贝尔经济学奖。
⊜ 纳什均衡是博弈论中一种解的概念，指的是满足下面性质的策略组合：任何一位玩家的策略都是对其他玩家策略的最优回应。

虽然是个典型的经济学家，也获得了诺贝尔经济学奖，但是社会学家也承认他是个社会学家。到了今天我们看到，政治学和经济学在实证领域很大程度上几乎都不分家了，运用的工具都一样，都是博弈论、信息不对称等。

经济学的这个新兴领域发展起来，也催生出了很多现在大家都熟悉的概念，比如逆向选择、搭便车、道德风险等。与此同时，经济学也把对人类行为的理解往前大大地推进了一步。后面我会再详细讲一下。博弈论的爆发性发展主要发生在20世纪70年代，80年代也有一些完善，但这些完善基本都是技术性的。所以像梯若尔⊖的《博弈论》，尽管是90年代末写的，但直到今天也没有大的修改；还有马斯克莱尔等人的《微观经济理论》，是90年代中后期写的，至今也没有修改。

梯若尔的《博弈论》是我组织翻译的，中国经济研究中心的许多硕士生都参与了翻译，过程很艰辛。我感觉这么一本技术性很强的专业书没有必要翻译成中文（《微观经济理论》就没有翻译），但当时中国人民大学出版社的梁晶老师觉得还是需要翻译。当时我们翻译得非常吃力。还好后来梯若尔和他的合作者再没有修订，省得我们还要跟着修订——不过，其实也不需要修订，因为20多年过去了，博弈论也没有多少新的东西出现。像超级博弈（Super Game）这样的东西是有一些，但也不

⊖ 让·梯若尔（Jean Tirole，1953—），法国经济学家，获得2014年诺贝尔经济学奖，是历史上第三位获得诺贝尔经济学奖的法国人。现担任法国图卢兹大学产业经济研究所科研所长。

是大的突破，都是一些小的改进。还有一些学者，在研究多重均衡的选择问题，但这也没有很大的意义，就像当年一些学者研究一般均衡是如何实现的一样。

信息经济学

信息经济学的突破，和发展经济学的贡献有很大关系。前面说过，20世纪50年代有刘易斯和舒尔茨的争论，到70年代，发展经济学跟随舒尔茨的路子，从微观经济学的角度研究发展问题。一个工作是去发展中国家收集微观数据，然后做计量研究。而之所以能这么做，一个主要原因是计算机的发展。以前人们纯靠手算，处理不了那么多的数据，而现在有了计算机，大量数据的处理可以交给计算机来完成。所以，应用微观分析成为发展经济学的主流之一，现在它也是经济学里非常重要的一个分支，翻开经济学杂志，大概有百分之四五十的论文是属于应用微观分析的范畴，而且，现在的宏观经济学也强调用微观数据进行验证，这样算来，所谓的应用微观分析的范畴就更加广泛了。

这些微观研究催生了微观发展理论的诞生，张五常⊖是较早在这方面做出贡献的人，他的佃农理论开启了信息经济学的大

⊖ 张五常（1935—），出生于我国香港地区，著名经济学家，现代新制度经济学和现代产权经济学的创始人之一，主要著作《佃农理论》获得芝加哥大学政治经济学奖。

门。张五常的博士论文是关于土地租赁合约的，其实他已经半只脚迈入了信息经济学，但是考虑得不完整，只考虑到了风险，没有引入激励。他的核心思想就是农业生产是有风险的，但可以通过租赁合约来解决风险分担的问题。如果是完全的雇佣关系，风险全部由地主来承担；如果收一个固定租，则所有的风险都由佃户承担。张五常认为这两种安排都不好，分成制最好，而且他自己算出来地主和佃户各占收成的 50% 是最好的安排。他还使用中国的历史数据去检验，发现中国南方的分成制基本都是五五分成的。

张五常的理论缺少另外一个维度，即激励。比如，完全雇佣制下，雇工拿死工资，激励作用最弱；而如果是固定租的话，对佃户的激励作用最强。

这个理论补充由谁来完成的呢？就是斯蒂格利茨。斯蒂格利茨是个很聪明的人，他以前研究宏观经济学，也写过宏观经济学的教科书，但是在 20 世纪 60 年代末，也许是读了张五常的文章，他转向发展经济学研究，把激励引入对租赁合同的研究，发展出一套完整的模型，既包含激励又有风险分担。"道德风险"就是出自他的研究。"道德风险"和通常所说的道德没有关系，只是说，如果一个人不用对自己的某种行为的负面后果负责，那么他做出这种行为的动机就会增强。比如，雇工拿死工资，产出多少与他无关，他就会倾向于偷懒；一个人买了房子的保险，就更可能躺在床上抽烟，因为着火之后保险公司会赔他房子。

　　有一年，张五常到我们 CCER 访问，我们跟他聊天，问他认为谁能获得下一年度的诺贝尔经济学奖，他不置可否。我问他斯蒂格利茨怎么样，他回答说："给斯蒂格利茨还不如给我呢！"结果第二年斯蒂格利茨就得了奖！很可惜，张五常和诺贝尔经济学奖失之交臂。他对此还是很耿耿于怀的，常说，当初科斯得奖请他做游艇晚宴的演讲嘉宾，并把他拉到一旁说，Steve（张五常的英文名字），这个奖有你的一份。

　　另外一个贡献很大的是莫里斯⊖的最优税收理论，他发现了一些信息经济学里的重要条件，比如我们现在经常用的单交叉条件。

　　还有斯宾塞⊖的信号模型。现在我们经常讨论教育过剩问题，其实斯宾塞的信号模型可以对其做出完美的解释。每个人的能力是不可观测的，所以，高能力的人就必须发出一个信号，让市场看出自己是高能力的。这个信号必须是有客观标准的、难以伪造的，比如教育，所以是需要付出成本的，能力高的人更可能负担这些成本，因此，你学得好、学得多，就能反映你的能力更高，雇主就会按照你的教育水平来为你提供工资。我们现在说"内卷"、学历贬值，实际上是教育作为能力信号的作用下降，迫使大家获得更高的文凭。

⊖ 詹姆斯·莫里斯（James Mirrlees，1936—2018），英国经济学家，信息经济学的奠基者之一，1996 年获得诺贝尔经济学奖。

⊖ 迈克尔·斯宾塞（Michael Spence，1943—），美国经济学家，因在信息经济学领域的贡献获得 2001 年诺贝尔经济学奖。

　　阿克洛夫⊖的柠檬市场模型也是一个重要贡献。这个模型是说一个旧车市场里鱼龙混杂，在信息不对称的情况下就会出现逆向选择的问题，即大家都推断市场里的低质量车多，从而导致进入旧车市场的车价格越来越低，质量也越来越差，劣币驱除良币。阿克洛夫的模型没有数学，全靠自然语言来讲述，起初投稿的时候多次被拒绝，让他很灰心。这篇文章提出的逆向选择问题成为信息经济学里的一个经典问题，也是使阿克洛夫获得诺贝尔经济学奖的主要贡献。

机制设计

　　随着博弈论的发展，经济学出现了一个新的分支，就是机制设计，研究如何通过分散的市场或政治过程实现一个社会或组织的目标。现在流行的市场设计与机制设计是一脉相承的。机制设计的鼻祖应该是赫维奇，上海财经大学的田国强老师是他的学生。前面说过，赫维奇的一个最重要的贡献，是证明了市场经济是最节省信息成本的，也就是证明了哈耶克⊖的思想。哈耶克参与了 20 世纪 30 年代的社会主义大辩论，由于苏联在当时呈现出一幅欣欣向荣的景象，以哈耶克以

⊖　乔治·阿克洛夫（George Akerlof，1940—），美国经济学家，因在信息经济学领域的贡献获得 2001 年诺贝尔经济学奖。他是珍妮特·耶伦（Janet Yellen，曾任美联储主席，现任拜登政府财政部长）的丈夫。

⊖　弗里德里希·冯·哈耶克（Friedrich von Hayek，1899—1992），奥地利出生的英国经济学家和政治哲学家，1974 年获得诺贝尔经济学奖，是 20 世纪极具影响力的经济学家和社会思想家之一。

及他的老师米塞斯为代表的反方输掉了这场辩论。哈耶克在1945年发表了一篇文章讨论信息问题，认为计划经济没有办法解决信息问题——计划者无从知道生产者怎么去生产以及消费者的需求是什么——所以计划根本就不可能做出来。这是个天才的想法，但是他没有给出证明。赫维奇在机制设计的框架里用数学工具证明了哈耶克的理论。他的那篇文章非常难读，我试图去读，但无法读懂。田国强告诉我，即使像他这种学数学出身的人，要读懂那篇文章也是非常吃力的。田国强研究机制设计问题，要自己发明一些数学工具，结果在数学杂志上发表文章。

比较有意思的是，赫维奇开创了机制设计这个领域，他的学生纷纷得奖，他却迟迟没得奖。前面几位得奖的人都直言这个奖应该颁给赫维奇。不过好在他寿命长，最后还是收获了诺贝尔经济学奖。

机制设计后来发展出市场设计，就是为一件产品设计一个市场以实现社会福利的最大化，经常应用于医疗领域，因为这个领域很复杂，涉及很多激励和信息不对称问题。我们国家的医疗系统也需要市场设计。

社会选择理论

20世纪50年代还发展出另一个理论，就是社会选择理论。

这个理论源远流长，可以追溯到 18 世纪的孔多塞⊖等人，他们很早就提出投票悖论。但是真正把社会选择理论变成一门学问，然后做出巨大贡献的是肯尼斯·阿罗，他发展出我们现在叫作阿罗不可能定理的理论。但是他提出该理论的那本书其实叫作《个人价值与社会选择》，想揭示的是集体选择与个体理性之间的内在矛盾。《个人价值与社会选择》是划时代的。

阿罗证明，在给定的四个公理条件下，集体决策要么不符合个人理性，要么会产生独裁。那是不是说我们就无法做集体决策了呢？实际上阿罗不可能定理只是在一个理想的抽象状态（在他的四个公理条件下）才成立，这个状态下的情况其实相当于一面镜子，我们通过这面镜子去比照现实，就知道现实生活中集体决策是怎样进行的了。比如有个条件叫作无限制性偏好，就是参与决策的人可以拥有任意的偏好，哪怕它看起来非常奇怪，但在现实中我们的偏好都是受限制的。怎么限制的呢？有多种途径，比如有人发表演说鼓励、激励你，你的偏好就被他的鼓励限制了。如此，我们可以有的放矢地去研究现实世界里的集体决策是如何可能的。

由社会选择理论出发，很容易让经济学与政治学合流。较早这样做的是阿罗的学生安东尼·唐斯◌，他的博士论文《民主

⊖ 孔多塞（Marguis de Condorcet，1743—1794），18 世纪法国启蒙运动时期杰出的代表之一，同时也是一位数学家和哲学家。1794 年死于雅各宾派的监狱里。

◌ 安东尼·唐斯（Anthony Downs，1930—2021），美国经济学家。

的经济理论》已经成为经验政治学的开山之作。在这本书中，他用经济学的方法来分析民主制度、投票行为和政治家的行为等问题。在那之前一般认为政治家都是为社会利益考虑的，选民投票也是为社会利益考虑的。唐斯的贡献是用经济学的逻辑来分析政治家和选民的行为，为政治学研究提供了全新的视角。

所以很多人之所以说经济学不受人喜欢，是因为经济学把人性给拉低了。但事实上经济学是从最基本的人性出发来分析政治行为。这比浮在空中谈论政治更接地气，也更准确。

很多政治学理论是在自由主义核心理念下建构的，其中最著名的是梅定理。这个定理说的是在有两个候选人的情况下，如果集体决策的偏好加总机制满足对称性、匿名性和帕累托原则，则此时加总机制一定是多数原则，而且，这个结论反过来也成立，即多数原则等同于这三个条件。对称性说的是每个参与人的权重是一样的；匿名性说的是选择者是谁没有关系，只要他的"具体选择"进入加总机制就可以；帕累托原则说的是如果所有人都选择某个候选人，则加总机制也必须选择这个候选人。显然，这些都是自由主义的原则。

中国人讲一生二，二生三，三生万物。这用到社会选择理论上面是最合适不过了。梅定理只适用于有两个候选人的情况，一旦增加到三个候选人或以上，难度就呈几何级数增长，很多问题就没有答案了。

　　阿玛蒂亚·森在社会选择方面也做出了杰出的贡献，其中最重要的是他对古典自由主义的批评。古典自由主义的核心思想是，每个人都拥有自己的私域，在私域之内，一个人的行为不受外界（特别是政府）干预。森用严谨的数理模型证明，在帕累托原则下，不可能存在个人自己定义的私域。森并不是反对私域，而是说，私域要靠集体决策才能成立。这是一个非常重要的洞见。古典自由主义者（如哈耶克）认为，根本就不应该谈"社会"这个词，而只能谈个人。森的理论告诉我们，这不过是空想而已。

　　顺便提一下，森从不讳言自己是一个左翼经济学家。他在《以自由看待发展》这本书里，对哈耶克的"自发秩序"有过刻薄的批评，说如果自发秩序有任何深刻可言的话，那么"深刻"这个词就有问题了。森不仅在社会选择领域有显著的贡献（事实上，他在20世纪70年代初期就被认为应该获得诺贝尔经济学奖），而且在发展经济学领域也做出了显著的贡献，特别是在贫困度量和饥荒研究等方面，影响至今不散。森还是一位政治哲学家，事实上，过去20多年里，他的主要工作是在政治哲学领域。他是当代少有的一位文艺复兴式的人物，也是我心目中的偶像。

新制度经济学

　　前面说到过美国的老制度经济学，它采取一种批判态度分析经济里的政治－经济关系，但没有形成一套可以继承的分析方法，因此无法传递下去。科斯和诺斯⊖开创了新制度经济学。和老制度经济学相比，新制度经济学用新古典经济学的成本－收益方法分析产权等制度安排，产生了一批又一批有影响的成果。

科斯少年成名，他在 22 岁的时候刚从伦敦政治经济学院毕业，得到奖学金到美国考察工业发展，获得灵感，回来之后就写了《企业的性质》这篇文章，但拖了很久都没有发表——那时候没有发表压力，而一发表就成为经典。他在文章中提出"交易成本"的概念，就是交易中要发生成本，比如签约、执行和监督等，这个看似简单的概念，却可以让我们理解企业和市场的差别。科斯说，企业内部没有交易成本，是一套命令体系，企业节约交易成本，企业的边界取决于命令成本和交易成本之间的权衡。

二战之后，科斯拒绝了伦敦政治经济学院请他接任哈耶克教席的邀请，到美国纽约州立大学布法罗分校工作。至少在今天，那是一个很多人都不愿意去的地方。那为什么科斯要去那儿教书呢？ 2010 年，在科斯研究所的安排下，我在科斯的位于芝加哥北面的老年公寓里见到他，问他这个问题。他的回答很简单："食物。"他说，战后英国的物资供应很紧张，缺吃少用。我见他的时候，他已经 100 岁了，结婚 75 年的妻子刚去世，他

⊖ 道格拉斯·诺斯（Douglass North，1920—2015），美国经济学家，因在计量经济史和制度研究方面的贡献获得 1993 年诺贝尔经济学奖。

一个人坐在轮椅上和我们一起吃午饭，我发现他比我们都吃得多。从 20 世纪 90 年代起，他就开始关注中国。我问他为什么，他说他从小就对中国着迷，现在中国发展这么快，他希望做些研究。他提出"边际革命"的概念解释中国的改革进程，并和他的合作者出版了一本书《变革中国：市场经济的中国之路》，在中国引起强烈反响。

除《企业的性质》之外，科斯的另外一个贡献是后来被称为"科斯定理"的发现。这个定理说的是，如果产权定义明晰且不存在交易成本，则产权的分配不影响社会效率的获得。科斯在《社会成本问题》这篇文章里提出这个定理，没有用数理模型，但逻辑完全正确，后来被转化为数理模型，写进高级教科书里。这个定理和阿罗不可能定理一样，描述的是理想世界的情况，现实中存在交易成本，因此产权的分配对于效率是有用的。事实上，科斯这一生就是靠两篇文章立命，这是不多见的。

诺斯大器晚成，50 岁之前都在研究美国经济史，48 岁到欧洲访学才开始关注欧洲经济史，然后和合作者写出了《西方世界的兴起》，奠定了他在学术界的地位。他用成本－收益方法分析产权在西方的确立，提出"有效制度变迁"假说，就是说，制度变迁的方向是增进经济效率。比如，黑死病之后，欧洲人口下降，劳动力变得稀缺，土地产权因此从庄园主手里转移到原先的农奴手里，私有土地产权在欧洲确立。后来，诺斯对他的学说进行了一些修正，影响也越来越大，在政治学和社会学都可以看到他的制度学说的影响。

在他的推动下，1998 年成立了新制度经济学会。我参加了在巴黎召开的成立大会。让我惊讶的是，大会基本上是用法语，也没有翻译。我以为多数人都听得懂法语，其实不然，那不过是法国人的矫情而已。这之后，我收到四川人民出版社的邀请，请我为他们的"与当代学术大师对话丛书"写一本与诺斯对话的书。当时我才博士毕业两年，接受这个任务很是忐忑，因为写书对于学术晋升是没有用的。我利用回母校的机会去圣路易斯访问诺斯，坐的是只有不到 10 名乘客的小飞机，超低空飞行，印象深刻。《制度与效率：与诺斯对话》于 2002 年出版，好像阅读量并不是很大，没想到现在还有人记着，还有图书工作室邀请我修订这本书重新出版。20 年过去了，诺斯已经作古，新制度经济学已经被新政治经济学所取代，我在新版里加入了诺斯后期发表的一些成果，也加入了新政治经济学的内容。新版书名叫《制度与经济增长：与新制度经济学对话》。

科斯和诺斯都是长寿之人，活到老，学到老，做到老。2007 年我乘在康奈尔大学访问的机会再次去圣路易斯拜访诺斯。当时的圣路易斯华盛顿大学经济系在大改组，扩大博弈论学科，排斥像诺斯这样的纯"文科"经济学家。美国可没有尊老的习惯，即使是对诺斯这样获得过诺贝尔经济学奖的人也不例外。诺斯正考虑追随他的年轻同事、华裔学者约翰·赖（John Nye）去乔治梅森大学。我说，您一把年纪了，还要换工作吗？他回答："我才 86 岁。我还年轻！"人家 86 岁还说自己年轻，真正的年轻人还有什么可抱怨的呢？

现在新政治经济学的国际代表人物是达龙·阿西莫格鲁[一]，他继承了诺斯的制度学说，主要贡献是用严谨的动态博弈论方法研究政治和经济之间的互动。他和合作者写了许多文章，出版了几本有影响力的书，总体而言，思想没有超出诺斯的范畴，但方法值得我们学习。

我自己的研究也属于新政治经济学，经验研究和理论研究都做。阿西莫格鲁的理论，还有诺斯后期的理论，无法解释中国，我总觉得这样的理论值得怀疑，因为中国经济的腾飞是过去 40 多年里最重要的世界经济事件。关于如何研究中国，我后面再仔细谈。

小结：伟大的经济学理论是如何产生的

这一章简要回顾了经济学发展的脉络。我们看到，能留下来的经济理论所关注的问题，一定是所处时代最重要的问题。这一点我觉得非常重要。伟大的思想都是自己时代的产物，脱离了时代，不可能产生伟大的思想。我发现很多人不明白这一点，现在很多年轻的经济学家在做跟时代无关的、毫无意义的工作。我在一两个哲学群里，发现很多学者都在研究外国的东

[一]　达龙·阿西莫格鲁（Daron Acemoglu，1967—），出生在土耳其的美国经济学家，长期执教于麻省理工学院。

西，而且研究得津津有味。我觉得很悲伤。为什么？因为中国现在处在一个伟大的时代，有那么多事情需要我们去做、去研究，他们不仅不去研究，而且对自己的"学问"自我欣赏，觉得自己是在做真正的学问。我却觉得这是在浪费人生。

我们现在回头看经济学领域的那些大家，他们都是在回应他们那个时代的大问题。比如亚当·斯密，他为什么写《国富论》？一方面是我们已经说过的，就是给不受约束的人性找到一个出口，另一方面是因为当时苏格兰的现实情形。

自苏格兰国王詹姆士一世变成英格兰和苏格兰两个国家的国王之后，两个国家平行共存了100多年，为什么到了18世纪初就合并了呢？这里面最重要的是经济原因。在那个时代，英国所有的贸易都是属于国王的，某人想做海外生意，必须得到国王的授权，比如那时的东印度公司等。当时与美洲的贸易主要是烟叶贸易，这种比较低端的贸易很容易赚钱，英格兰人赚得盆满钵满。苏格兰人觉得这种贸易太赚钱了，所以他们也想去美洲做烟叶贸易，想去挑战他们南边的表兄。但他们不断尝试，不断失败。后来苏格兰人铆足劲儿成立了一家公司，筹集了巨额资本。有多少呢？相当于当时苏格兰GDP的一半，基本就是倾全国之力了。但最终还是全打了水漂。为什么？因为英格兰人的垄断力量太强大了，苏格兰的公司根本没有市场。

亚当·斯密是苏格兰人，虽然他是在牛津大学读的书，但他极其不喜欢牛津大学那种学究式的气氛，又因为他讲话一直有苏格兰口音，所以他就回到了苏格兰。苏格兰一直被英格兰压制，一个重要的表现就是没有自由贸易。亚当·斯密就是在这种背景下写《国富论》的，目的之一是反对垄断贸易，呼吁自由贸易。

凯恩斯更是如此，他的宏观经济学是对大萧条的回应。当然，在大萧条之前他已经很有名了，但如果仅仅是那点儿名气的话，今天的我们恐怕已经把他忘了，我们大概只会记住马歇尔，而不是他。正是那个时代给了他机会，给了他刺激，加之凯恩斯又是个极其关注现实的人，1919年他就写了《和约的经济后果》表达对凡尔赛协议的看法，认为把德国排除在世界体系之外必然会导致严重的后果。大萧条是对资本主义的一次总清算，凯恩斯当然不会放过。对萧条问题的研究，让他发展出宏观经济学。

张五常何尝不是这样呢？他是个中国人，他在思考中国的问题，不远的过去的问题和现在的问题。要想产生伟大的思想，就必须对时代做出回应。生活在中国的这个急剧变化的时代，就要关注当下中国最急迫、最显著的问题。以我比较熟悉的政治经济学这个领域来说，我们现在要回应的最重大的问题就是中国政治体制和西方政治体制之间的竞争问题。作为一个学者，我想从新政治经济学出发，发展出一套对应的理论。两种制度的竞争应该刺激学者的思考，国外已经有这样的学者了。我们生活在中国，更了解中国，就要给出我们自己的解释，不能任凭别人去解释。

只有回应时代才能产生伟大的理论。对年轻学子来说，这很重要，否则就是在浪费青春，浪费一生。当然，我们做这件事情未必都能成为亚当·斯密或凯恩斯那样的经济学家（这个概率是极低的），但是我们要努力，这很重要，否则你就会和这个伟大的时代擦肩而过，多可惜啊！

第四章

经济学与其他社会科学的关系

　　在讲完经济学的基本概念和发展脉络后，我们来尝试和其他社会科学进行一场对话。有很多问题是经济学和其他社会科学共同关注的，但由于篇幅限制，我在这里主要讨论两个问题：第一个是经济学如何看待公平，第二个是对"经济学帝国主义"这一说法做一个回应。经济学往往被批评为"不讲道德"，是"晦暗的"科学，不够"高大上"。从理性人是经济学的基本假设、效率是经济学的主要关注对象的角度来看，这是一个不过分的批评，但这不意味着经济学家都不关注公平问题。关于经济学帝国主义，我觉得这是经济学对其他社会科学的贡献，不是帝国主义。经济学的方法是社会科学里面最严谨的，以经济学方法为主线，也许可以构建统一的社会科学。

收入和财富不平等的由来

我们讲过，经济学关注资源分配的效率。帕累托最优关注的是一种静态效率，就是不可能再通过改变资源的分配来提高产出的状态。从这个角度来说，市场在本质上是分配中性的：在理想状态下，它不改变人们进入市场时的收入或财富分配状况。但是，现实中的市场不是在"理想状态"下工作的，市场里存在许多放大差距的因素。

资本回报率

皮凯蒂的《21 世纪资本论》是一本影响力巨大的书，他在书中提出一个命题：资本主义自动扩大收入和财富差距。他用一个简单的模型说明了这一点，模型的主要假设是：经济在进入稳定增长状态后，经济增长率会低于资本回报率。利率能够反映长期的资本回报率，那就可以简化为经济增长率低于利率。从历史上看，他的这个假设好像是成立的。比如在发达国家，真实利率大概为 4%，而真实经济增长率是 2%。在这种情况下，你可以想象，资本拥有者不仅拥有更多的初始资本，而且资本回报率也比经济增长率要高，资本积累的速度超过了 GDP 增长的速度，这样，资本占 GDP 的比例就会越来越高，而且资本还会集中到少数人手里。所以，因为资本回报率高于经济增长率，资本的集中就有加速效应。

但是，如何解释二战之后西方国家的财富分配趋于平均呢？皮凯蒂给出的解释是，二战是一个巨大的毁灭个人财富的外部冲击。二战以前，欧洲的很多财富都掌握在犹太人手里，法西斯把犹太人的很大一部分财富给没收了，财富的分布在欧洲就变得平均了。

如果单纯考虑一个无风险的世界，可能就会像皮凯蒂说的那样，资本占的比重越来越高。这实际上是马克思所说的资本深化过程。但是，如果考虑到潜在风险、经济结构和发展阶段，情况可能会有所不同。比如，中国现在所处的阶段恐怕就不太一样。

风险

市场中存在风险，风险会扩大差距。我们中国人有一种说法，叫作"富不过三代"，就是说第一代富有，但到了第三代可能就很寻常了。其中一个可能的原因就是风险，虽然今天很富有，但是明天可能就经营失败了，变成了普通老百姓。再比如，我们国家在消灭绝对贫困之前，大概40%的贫困是和生病有关系的。那时，一个家庭，如果主要劳动力生了大病，那么这个家庭就会陷入绝对贫困很长时间。因此，风险既可能缩小收入和财富差距，也可能扩大收入和财富差距。我的学生、现在在北京大学马克思主义学院教书的贺大兴用一个很简单的模型证明，如果存在失败的风险，那么财富最后可能会自动集中起来。道理是什么呢？他假设每个人都面临平均意义上的风险，即获得负面冲击的概率是一样的，但总存在一些"漏网之鱼"，这些"漏网之鱼"因为幸运没有受到负面冲击而变得很富有。

人力资本

除了风险，还有一个重要原因就是人力资本。以前是掌握物质资本很重要，但现在物质资本相对来说变得越来越不重要了，最重要的变成了人力资本。在现代社会，决定人力资本的最重要因素是教育，而教育回报率呈 S 形（教育回报率考察的是你多读一年的书今后的收入会提高多少百分比），小学和初中的教育回报率比较低，高中和大学的教育回报率很高，大学之后再降低。教育在高中和大学阶段具有规模报酬递增的性质，这样，教育就成为拉大收入差距的一个重要因素。在美国，大学以下学历的人的实际收入在过去半个世纪没有增加，但大学及以上学历的人的实际收入是增加的。中国现在的情况就很明显，"知本家"越来越多。你看"蔚小理"⊖，它们的创始人都可以被称为知本家。他们能够把企业做到现在的样子，很大程度上是因为他们的人力资本。他们有一个好的理念和实施方案，然后资本就找上门来，而不是被资本雇用。

⊖ 指蔚来、小鹏、理想这三家车企。

　　财富和收入不平等是宏观现象，一般人也并不一定能有切身的感受。在一般人那里，市场中存在其他因素，让他们感觉不舒服。比如，好多白领的收入其实很高，但是他们还是感觉不舒服，觉得自己的价值没有完全得到体现。在这里，就有两个比较根本性的问题，一个是价格和价值背离问题，另一个是市场权力问题。

价格和价值背离问题

　　我们前面讲过，市场的一个非常重要的作用，就是可以形成统一的价格，让资源分配有一个统一的信号。对一般的产品来说，比如我手中的这杯咖啡，它的价值应该是多少？一个做咖啡的人，如果他特别喜欢咖啡，可能会很在意这个价值。他做出来一杯咖啡，最后没人买，或者本来应该卖 40 元，结果只卖了 20 元，那他心里就会很失落。但是像咖啡这样的商品，因为和很多人关系不大，大家也不会真正在意它的内在价值，可是有些东西大家就会比较在意它的内在价值。

　　劳动就是一个大家都会在意其内在价值的东西。一个劳动者往往会感觉，他不应该只获得这么多工资。我们前面讲过工资是怎么决定的——是由市场上最后那个人的劳动生产率决定的，这就意味着，即使你的劳动生产率比那个人的高，你也不一定能获得更高的收入。这样一来，你就会感到失落。

　　还有一种情况，就是某物品和你的生活，特别是和你的家庭，产生了很强的联系，这时候，你也会感觉该物品的价值很高。比如我在威斯康星大学读书的时候，有一个来自我国台湾地区的同学，她家原来是贫农，土地改革的时候分到了土地，分完之后全家都进城了。她爷爷就告诉她父亲，这土地不能卖，不管多高价都不能卖，这是他们家好不容易得来的土地。她父亲一辈子不卖，到了她手里她也不敢卖。也不能撂荒，因为当局不允许。那怎么办呢？她只好雇人去种那块地。这显然是不理性的。这说明了什么？说明这块土地的价值在她家三代人的心目中，远远高于土地的市场价格。

在劳动力市场上，价值和价格的背离会造成难以改变的紧张关系，也就是马克思所说的异化。异化是马克思在《1844年经济学哲学手稿》里提出来的概念。他说，工人创造的产品自己不能控制，而且还成了自己的一个对立面。为什么是对立面呢？因为产品被资本拥有者所掌握，然后他用工人的产品反过来压榨工人，所以产品是工人造就的自己的对立面。工人创造的产品越多，对立面就越大，受到的剥削就越多。《1844年经济学哲学手稿》是马克思在年轻的时候写的，此时他已经发现了人类的雇佣活动中存在的一个亘古都难以改变的紧张关系，就是个人劳动的价值和价格（工资）之间会产生偏离。马克思在这一基础上发展了劳动价值论，认为劳动创造价值，而且只有劳动才创造价值。沿着这个思路走下去，资本主义就是不道德的，因为它剥夺了一个人用劳动创造的价值。

那么，当代经济学家怎么思考这个问题呢？

这个问题是政治经济学的核心问题之一。首先，按要素分配和按劳分配并不矛盾，按劳分配本身就是按要素分配的一种。推到最原始的状态，所有的资本都是劳动创造的，只不过经过了很多代的积累，它已经脱离了劳动的形态。所以，资本的价格可以看作是积累起来的劳动的价值。这是经济学家思考的一个角度。

其次，到底是资本雇用劳动还是劳动雇用资本，事实上最后取决于效率。为什么我们刚才说的"蔚小理"的创始人可以雇用资本？因为他们的想法很值钱，他们的创意很重要，资本只是一个辅助的手段。在这种情况下，雇用的权利应该属于劳动者，而不是资本。

创意是无形的，你根本就不知道它在市场上到底值多少钱。比如苹果手机，当年乔布斯说我们要搞一个智能手机，其实这个主意大家早就知道。我记得以前有个东西叫掌上宝，就是掌上计算机，大家都想过这个东西，也有人尝试过，乔布斯只是把它和电话结合在一起，做小一点，做漂亮一点。这个创意能卖钱吗？一开始没有人知道。

如果资本提供者是雇者，创意提供者是被雇用者，按照经济学家的说法，就会出现激励不相容。因为没有办法判断，到底要给创意提供者多少钱，才能让他把自己的创意发挥出来。只有让创意提供者来雇用资本，承担所有失败的风险，同时也变成剩余索取者，就是让他掌握所有的剩余收益，才能实现激励相容。反过来我们可以说，我们看到资本雇用劳动，那是因为劳动者做的是整条产品生产线上很小的一部分工作。在多数情况下，劳动者是执行者，不可能去承担产品最终的盈亏，如果让负责某一生产阶段的劳动者成为剩余索取者，这也是激励不相容的。

我想起美的的改革。美的在 1992 年就进行了股份制改革，而且是全员持股。一开始大家积极性很高，因为成了剩余索取者，可是干了两年之后发现没用了——人人都是剩余索取者，就回到了人人不负责任的状况。所以，美的在 1997 年进行了二次改革，主要股权掌握在管理层手中，其他的一部分在市场上流通，还有一部分属于公司所在地的北滘镇政府（后来北滘镇政府又陆续把所持股份全卖给了美的管理层）。这次改革后才形成一个激励相容的格局。

从这个角度来看，经济学家会认为价格与价值背离是一个技术性的问题：在雇佣关系中，谁应该成为剩余索取者取决于哪种安排最有效率。

除了以上两个方面，还有一个怀旧的问题。马克思所处的时代是英国工业革命最高潮的时代，就像波兰尼◯在《大转型》中写的那样，在那个时代，整个英国的农村在破产，大量赤贫的平民涌入城市，变成了单一的劳动者。在马克思的那个时代，

◯ 卡尔·波兰尼（Karl Polanyi，1886—1964），匈牙利哲学家、经济史学家，代表作《大转型》《法西斯主义的本质》。

特别是在他年轻的时候，有很多进步的经济学家、社会活动家，以及一些开明的资本家，他们都看到了这一点——资本主义把人变成了赤裸裸的机器。面对这一现实，他们都多多少少会对英国乡村的田园诗般的生活的消逝有一种失落感。英国整个 18 世纪都是很平静的，简·奥斯丁⊖的小说，比如《傲慢与偏见》，还有后来他人的《简·爱》《呼啸山庄》，里面描写的乡村生活都是非常平静的、田园诗般的生活。生活在 19 世纪的人，显然会受到上一个世纪的影响，他们就会想：这么美好的社会怎么会被打破？那个时代的人没有意识到一个新兴的文明已经在英国创立起来，他们体会到的更多的是巨变，所以难免会有一种失落感。

但是，自给自足的乡村社会是不是就没有资本主义的那种紧张关系呢？自给自足，都是自己雇用自己，好像并没有什么紧张关系，但其实有其他紧张关系。像中国过去的农民，是自给自足的，但他们要面对一张无形的网，就是市场，他们无法逃离。市场上的一点儿风吹草动，对他们的影响都是比较大的。我头脑里有一幅特别清晰的画面，就是小时候我在江西农村，看到我伯父要卖两头小猪仔，外地人来出价，我伯父站在磨盘上，背着手靠着墙，两只光着的脚不停地搓着，一副手足无措的样子。那个时候，一头三四十斤的小猪仔可能值二三十元，在谈价的时候，有大概 1 ～ 5 元的差价区间，我伯父就在那里

⊖ 简·奥斯丁（Jane Austen，1775—1817），英国女小说家，主要作品有《傲慢与偏见》《理智与情感》等。

犹豫，非常煎熬。所以，一旦进入了市场经济，你总是会有这样或者那样的约束，不是面临这样的紧张关系，就是面临那样的紧张关系。

市场权力问题

另一个问题是我们在劳动力市场上能够明显感觉到的，就是市场权力问题。当然，在其他市场上也存在市场权力问题，但大家关注得比较少。比如，某个产品市场上的垄断者定价高一些，那我不买就没事了，只要我能够找到替代的产品。所以，我们给政府的建议是，如果看到垄断，那就造一个竞争者，让消费者有第二个选择。但是，劳动力市场不太一样，无论走到哪里，恐怕你都能感觉到工作中有权力的存在，好像总是被别人指挥着。这个市场不是对称的——当然越往高走对称性会越好，甚至你可以雇用资本，但对绝大多数人来说，他会感觉到自己生活在一张无形的网当中，不管走到哪儿，都要听命于雇主。

我在威斯康星读书的时候，写过一篇课程论文，就是讲土地租赁合同中的市场权力问题。我们在前面谈到过张五常的博士论文，他说租赁合同中分成制是最好的，但是他没有注意到，土地租赁恐怕会有市场权力问题。如果我是个地主，拥有 100 亩$^{\ominus}$地，那么我可以选择把这 100 亩地全都租给一个佃农来耕

$\ominus$　1 亩 =666.6 平方米。

种，也可以租给 20 个佃农来耕种，每个人耕种 5 亩，哪种情况下产量更高呢？应该是租给 20 个佃农的产量更高。因为在这种贫穷的经济中，一个农场的规模和它的单位面积产出之间存在负相关关系：农场规模越大，单位产出越小。如果土地面积比较小，为了生计，佃农会精耕细作，单位产出就会提高。这样的话，我作为地主就可以利用土地所有权的优势，雇用更多的佃农，以增加产出。在这一过程中我就掌握了权力。

再说现实中的美国。美国的劳动力市场是发达国家当中最具有弹性的，一个标志就是解雇人比较容易。我在威斯康星大学的很多同学都进了制药公司，因为威斯康星大学的生物化学是全美第一的，化工在全美也是排在前面的。如果你学的是生物化学或者化工，那么第一选择当然是教书，如果教不了书那就去制药公司，制药公司的工资高，工作也相对有意思。但是制药公司是很残酷的，需要不断制造新药，如果你这个部门没做出新药，那么公司就会把整个部门都裁掉，然后重头来，再招一批新的博士毕业生来做。

我有一个很要好的朋友，他就是学生物化学的，毕业后头10 年干得挺好，结果 2008 年金融危机一来他就被裁掉了。这是他第一次失业，他觉得也没什么，拿了好几万美元失业补助，先买辆新车享受一下。他找到的第二份工作也还可以。后来他回国待了两三年，但感觉不行，然后又回到美国。我再见到他时，他已经成了华盛顿特区一个政府部门的检验员。这项工作哪需要一个有博士学位的人来做呢？以前他很健谈，现在基本上不说话了，他被生活打败了。他现在已经 60 岁，基本上这一辈子也就走到头了。对他来说，感觉被市场上的权力所左右很自然。

这是一个很大的问题，特别是在美国社会。美国的教育水平越来越高，但是劳动力市场可不管你的教育水平，该裁人的时候照样把你裁掉。在美国裁人也是很伤面子的一件事情。有一部乔治·克鲁尼演的电影叫《在云端》(*Up in the Air*)，乔治·克鲁尼扮演的角色的工作就是到处替公司解雇人。一些公司想要解雇人，但老板不好当面解雇，于是就请一个外面的人来做这个工作。电影中有一个镜头，克鲁尼扮演的角色解雇一个黑人女性，然后黑人女性就问他，这就完了吗？结果，她就从旧金山大桥上跳下去了。美国超市里，在结账的地方有很多装袋子的雇员，叫装袋工。其中很多人你一看好像是知识分子，那肯定就是失业的人。失业了，没办法，要养家糊口，那就来做装袋工。不能完全掌握自己的命运，这的确是不少现代人的一个很大的焦虑所在。

塞缪尔·鲍尔斯[⊖]的短边理论为市场中的权力给出了解释。塞缪尔·鲍尔斯是个后马克思主义经济学家，曾任教于麻省大学，麻省大学经济系至今仍然是后马克思主义经济学的阵地。鲍尔斯指出，处在市场短边的那一方拥有市场权力。如果资本

⊖ 塞缪尔·鲍尔斯（Samuel Bowles，1939—），美国经济学家，是后马克思主义经济学思潮的代表人物之一，代表作有《理解资本主义：竞争、统制与变革》《微观经济学：行为，制度和演化》等。

更稀缺，那么资本家就处于短边，就会拥有市场权力；在租赁市场上，如果土地是稀缺的，那么土地所有者就拥有市场权力；在创新领域，有创意的企业家的供给是短缺的，那么他就拥有了市场权力，他就能指挥资本。

鲍尔斯的解释能不能让大家感觉更加舒服一些呢？也未必。经济学家只是告诉我们市场是怎么运作的，不能解决人们的心理问题。那到底怎么解决这个问题呢？恐怕很难，除非我们真正能够实现物质的极大丰富，不用再把工作当作一个人谋生的手段，然后才能消除"价格和价值的背离"与"市场权力"这两种紧张关系。当然，这也是马克思提出来的共产主义社会理想。先不说按需分配，但至少劳动不再是谋生的手段，而是一种兴趣和爱好，人的基本生活已经不再依靠劳动。

能不能实现这样的一个社会呢？有些国家也在试，比如发放全民基本收入，就是不管你是谁，每个月给你直接发一笔足够生活用的钱，然后你再去考虑是否就业。如果按照美国现在的发展水平，人均 GDP 每年增长 2%，大概 35 年就会翻一番。现在美国的人均收入已经是 6 万美元，35 年后人均收入可能就达到了 12 万美元。当然这是按照今天的价格计算的，如果按照那个时候的价格计算，会更高。在实现这么高的人均收入后，也许就能实现上午打猎，下午捕鱼，傍晚从事畜牧，晚饭后做哲学家。生产力足够发达之后，也许可以消除上述两种紧张关系。

现在北欧的高福利国家，在基本生活保障上已经做得比较好了，所以他们的紧张关系要轻一些。但是，北欧的模式需要国家掌握比较多的财富——北欧国家 GDP 的 60% 是用来再分配的。北欧可能是一个特例，因为按照经济学的理论，这样的国家是不可能有增长的——缺少激励，谁还愿意干活呢？这是个很奇特的现象，我觉得直到今天我们仍然没有给出一个很好的解释。政治学中有一个问题："怎么到达丹麦？"不管看什么指标，丹麦基本上都是位居世界最前列的，包括人均收入、政治廉洁程度、环境友好程度等。那我们应该怎么到达丹麦呢？没有一个标准答案。北欧真是一个非常奇特的地方。

但是，至少有一点我们现在大概是知道的，那就是这种高福利状态和国家的疆域有关，国家太大、人口太复杂就不行。北欧国家的人口都很少，基本都不到 1000 万人，国土面积相对较大，种族又比较单一，而且，在他们的文化里，也有服从权威的因素。世界各国想要达到北欧的水平，恐怕还有很长的路要走。

如何增进公平

给定市场经济，我们应该如何增进公平？哲学家提出了很多有关公平的理论，从最极端的右翼到最极端的左翼都有。最极端的右翼认为政府什么都不应该干涉，只要把产权定义清晰，把法律制定好，其他的完全可以交给市场去做；最极端的左翼则认为，任何不经过努力获得的收入都是不道德的，包括因为聪明获得的收入也是不道德的。在这两个极端之间，还有一些居中的、调和的观念。比如罗尔斯[○]的自由主义。我个人觉得，所有的有关公平的哲学理论都有可取之处。即使最右翼的公平理论，在一定程度上恐怕也有可取之处，比如它要求奖励个人的努力和贤能，奖励人的聪明才智。极左翼的观点也反映了一定的正当的公平诉求。

如何处理公平问题？我认为应该把理想和现实结合起来，秉持务实主义的态度来推行各种我们认为好的价值观。所以我就提出把帕累托改进拓展为一个分配正义原则。帕累托改进的意思是说，在不伤害任何人利益的情况下，至少可以增进一个人的福利。那我们就可以把追求个人福利换为追求某些价值，比如平等是我们追求的，效率也是我们追求的，如果我们在不伤害效率的情况下，还可以增进平等，那我们就应该这样去做，这就是一种帕累托改进。

一些极右翼的人会说，所有增进平等的措施都是错误的，因为任何贫富再分配都会伤害一部分人的利益。但我们可以反过来想，如果某项措施可以增进平等，但又不伤害效率，我们为什么不去做呢？实际上，在很多领域效率和平等都可以实现携手并进。在中国，有很多显而易见可以同时实现改进的领域。比如我们的教育领域，如今我们的大学教育都开始普及了，按

○ 约翰·罗尔斯（John Rawls，1921—2002），美国政治哲学家、伦理学家，20世纪极有影响力的政治哲学家之一。

照大学生占 18 岁人口的比例计算，大学入学率都达到 70% 了，但同时还有很多农村孩子连初中都没读完。如果我们能让农村的孩子至少把高中读完，考不上本科也可以接受职业教育，那我们就不仅促进了平等，而且实现了效率的提升。现实中存在着大量的这种平等和效率可以携手共进的情况。我觉得我们要采用务实主义的态度，而不是认死理，一定要坚持某个理念。

共同富裕也应该采取务实主义的态度去推进。但如何推进，是对富人征更多的税，然后给穷人发钱，还是在现有的资源中切出一块，用来提高普通老百姓的收入能力，如教育和技能水平？我们国家每年资本投资占整个 GDP 的比例是 40% 左右，今天来说就是 40 多万亿元。这里面有很大一部分是政府投的，至少占 1/4，也就是说大概 10 万亿元。如果政府可以拿出 1/10，就是 1 万亿元，这是什么概念？我们现在的教育支出占 GDP 的比例大概是 4.5%，也就是投入了约 4.5 万亿元，那么，增加 1 万亿元，教育支出就增加了 20% 以上。这是一个巨大的提高，而且如果把这些增加的投入主要用在农村地区，会产生多大的增益效果可想而知。所以，增进共同富裕的好的办法，不仅符合经济学的逻辑，也符合《共产党宣言》所说的"每个人的自由发展是一切人的自由发展的条件"。

共同富裕就是要关注到每一个人，就是要从平等这个角度去做，而且，我觉得这样做也和中国人关于公平的概念是一致的。中国人比较相信比例原则，就是一个人付出的越多，得到的就应该越多。这是我们根深蒂固的观念。通过提高每个人的收入能力去推动共同富裕，是一个可以尝试的办法。

经济学对其他社会科学的渗透

从 20 世纪 50 年代开始，经济学家就开始使用经济学的方法和工具去研究一些非经济学的问题，特别是社会学和政治学的问题，也包括法学的问题。在这个过程中，其他社会科学把经济学的这种"入侵"称作"经济学帝国主义"。

我们前面谈到，经济学的方法是比较科学的，有一套非常严密的逻辑体系。由于这个原因，经济学家研究社会和政治问题，就显得得心应手。而且，经济学揭示了人类行为的一些底层逻辑，所以它可能会比其他学科看得更加深入一些。

经济学入侵的第一个领域应该是政治学，我们前文提到的阿罗不可能定理、安东尼·唐斯的《民主的经济理论》以及森对古典自由主义的批评就是代表。

我特别要说一下《民主的经济理论》这本书，它是我在读硕士研究生的时候和两位合作者误打误撞翻译的。20 世纪 80年代有翻译热潮，那时有一套丛书是孙来祥老师主编的，他是我们老师，和我们说可以试着翻译一些书，具体什么书可以自己选。我和同学邢予青就到图书馆选了诺斯的《西方世界的兴起》，但发现它已经被翻译过了，所以我们重新选了《民主的经济理论》，发现没有被翻译过，就开始翻译。一开始是我们两个人翻译，后来孙老师觉得两个硕士研究生估计翻译不好，就让赖平耀老师加进来跟我们一起翻译。都翻译好了交给孙老师，但形势变化，没能出版。

我回国以后总想着这本书稿，后来联系上孙来祥老师，他说书稿可能在顾昕手里，顾昕是当时的编辑。我好不容易找到顾昕，他说书稿不在他那里，他编好之后又交给孙来祥老师了。孙老师就记着这件事，一次回国后就去他在稻香园的住处翻箱倒柜，竟然把完整的手稿找出来了。我记得有一天晚上我们正在致福轩会议室开会，孙老师拿着书稿跑来，口里喊着："我找到了，找到了！"特别兴奋。然后又过了三五年的时间，这本书才出版。这本书虽然命运多舛，但终于出版了，现在上海人民出版社还在重印。

这本书是经济学家写的关于选举政治的一部著作，是经验政治学的开山之作。今天的政治经济学里关于选举的模型，仍然没有超出这本书的范畴，从这本书开始经济学就正式"入侵"政治学领域。事实上在社会选择领域，绝大多数严谨的理论都是经济学家首先提出的。除阿罗、唐斯和森之外，影响很大的还有曼瑟·奥尔森[⊖]，他提出的利益集团政治理论至今仍然是政治学和政治经济学领域的标准理论之一。他因此和诺斯一样成为少数能够影响其他社会科学的经济学家之一。如果不是英年早逝，他得诺贝尔经济学奖是早晚的事情。

㊀　曼瑟·奥尔森（Mancur Olson，1932—1998），美国经济学家，代表作包括《集体行动的逻辑》《国家的兴衰》和《权力与繁荣》等。

政治学家一开始很紧张，但是最后接受了经济学家的"入侵"，而且自己也向着经济学靠拢。这一点在美国非常明显，美国的很多政治学系要求博士生跟着经济学系学至少一个学期的博弈论。美国的政治学系因此分化了，一部分仍然沿用比较政治学的方法，另一部分则采用理性人假设，用博弈论的方法来做政治学的实证研究。这几乎改变了美国政治学的研究范式，每个政治学系都有两派，一派是理性选择学派，另一派是比较学派。现在理性选择学派的势力越来越大。

经济学对社会学也有"入侵"，这里最重要的是加里·贝克的贡献，他用经济学的方法来分析家庭。当年林毅夫老师刚回国的时候，我读硕士的北京大学管理中心请他来做一个讲座，他讲贝克如何用经济学的逻辑分析家庭、生育和家庭内部劳动分工等问题。我至今都记得，讲座是在第三教学楼四楼朝北的一个教室里。我当时完全惊呆了——怎么可能用经济学逻辑来分析家庭呢？那应该是谈爱情的地方啊！用经济学逻辑来分析家庭完全超出了我当时的认知。但现在贝克的方法在家庭经济学领域已经成为一种标准的方法。

受经济学的影响，一些社会学家也开始用理性人假设来做他们的研究。经济学的经验研究方法对社会学研究的影响也很大，特别是过去一段时间在经济学里兴起的因果关系识别问题，也影响了社会学的实证研究。社会学没有经济学那样精巧的理论模型，因此，社会学的经验研究是就事论事的研究，而不具备理论性。经济学界提出因果关系识别问题，把经验研究、回归分析的要求提高了一大步，社会学要想追上经济学的脚步，就必须重视这个问题。

经济学对法学也有影响，波斯纳[○]开创了法律经济学这个领域。波斯纳是个很神奇的人，他本人是联邦巡回法院的法官，同时又在芝加哥大学法学院教书。他用经济学的思想分析法律问题，可谓石破天惊。法律界的一般观点认为，法律和经济计算没有关系，法律的任务是要保证公平正义。但波斯纳给法律引入了效率这个概念，强调法律也要关注效率。美国是普通法国家，法官可以通过判决造法，对后续案件的审理具有一定的约束力。波斯纳将简单的成本 – 收益分析方法应用到判案上，就产生了很多很有意义的结论。

比如在一间咖啡厅里，如果咖啡太烫，把客人烫伤了，或者地上有水导致客人摔倒了，按照一般的观点，这是因为客人自己不小心造成的，他自己应该为自己的行为负责，与咖啡厅无关。但波斯纳认为不对，因为这样会助长商家的不负责任的行为。波斯纳强调，商家拥有的店内环境和产品的信息要远超消费者，因而更有能力预防顾客烫伤或摔倒事故。所以，追究商家的责任，商家就有动力去提醒客户，"注意！咖啡烫！""小心地滑！"，等等，这样会改进整个社会的效率。

再比如美国对于汽车安全的改进，与波斯纳的推动有关。

　○　理查德·波斯纳（Richard Posner，1939— ），美国联邦上诉法院法官，芝加哥大学法学院高级讲师，法律经济学的创始人之一，被广泛誉为美国历史上极具影响力的法学家之一。

对于汽车缺陷事故，美国司法界几乎将所有的责任都归到制造商身上，而且处罚非常重。记得20世纪90年代我在美国读书的时候，有一个年轻人的福特汽车着火，他被烧死了，他的家庭打了几年的官司，最终法院罚了福特汽车公司1亿多美元。这是一笔巨额罚款，如果我们只从道德的角度来看，就会感觉这么做不符合道德，因为这笔钱金额太大。但按照波斯纳的理论，这个处罚既包括了对年轻人家庭的精神补偿，也包括了惩罚性的赔偿，目的是让制造商更加注意汽车的安全问题。

这里再讲我自己亲身经历的一个案例。20年前有一个打假的人叫王海。他主动去买假商品然后举报。他当时是将这个作为一项公益事业在做。但做了一段时间之后，他就想，他的这种行为对社会是有好处的，但是他并没有得到社会的回报，这种打假难以为继。我当时正在和法学院的一位老师一起教法律经济学这门课，王海来我办公室找我。王海说他现在很困惑，问我这个打假怎么维持下去。我就告诉他，美国有一类律师被叫作"扒粪者"，他们专门找一些公司的碴儿，然后提起诉讼。他们会给标的公司的股东写信，说要替股东去告标的公司，如果诉讼赢了，股东可以分到一些钱（很少，我在美国读书的时候就收到过这种信，律师告诉我，胜诉之后我可以得到两美分），如果输了股东什么都不用承担。在"扒粪者"的严密监督下，美国的公司都不敢有明显的问题。我对王海说，你可以成立一个打假公司，把这件事作为商业来做。然后他基本上就是这么做的。不过，后来最高法院出了一个司法解释，规定知假买假得不到赔偿，然后他就没有市场了。

我觉得这件事从法律经济学的角度是值得探讨的。把打假当作一种商业行为，从效果上来看其实增加了整个社会的福利，尽管一些造假企业会因此倒闭。所以，我们可以看出经济学家看待法律问题和法学家看待法律问题是不一样的。有一次我在南南学院课堂上讲到这个故事，在座的一位有法律背景的非洲学生就摇头说知假买假是不受法律保护的。一些法学院已经开始教授学生经济学的思维，我觉得这是很重要的。

经济学与其他社会科学在方法上的争论和融合

科斯认为，一个学科不能由其所使用的工具来定义，而应该由这个学科所研究的议题来定义，所以经济学家就应该关注经济问题、关注效率，而政治学家就应该关注政治问题，社会学家就应该关注社会，法学家就应该关注法律，不应该串行。但恐怕科斯的这种说法在当下越来越难以成立，经济学和政治学、社会学的融合是一个趋势。将来也许社会科学真可以融合起来，形成一个统一的社会科学，比如以理性人假设为基础，至少形成一个以理性人假设为内核的统一的社会科学。理性人假设无论怎么说都有一个非常清楚的定义，而且确实是人类行为的一个主要的底层逻辑。如果各个社会学科都承认这一点，那么我们在理性人假设的基础上构建一个统一的社会科学还是有可能的。当然这不一定是社会科学唯一的范式，但是以理性人假设为基础来构建社会科学的主体，这可能是难以避免的。或许这是我作为经济学家的一个偏见吧，估计其他学科的学者听到之后都不会太喜欢。

但事实上，那些自愿接受了理性人假设，并向经济学靠拢的其他学科的社会科学家都在引领着他们的学科。特别是在政治学里，除非是做纯粹的政治哲学或政治理论研究的，否则以理性人假设为基础去发展这个学科的学者，都走在前面，比如耶鲁大学苏瓦里克和我们学院席天扬老师的老师——纽约大学的普沃斯基，他们对学科的发展起到了引领作用。

基于理性人假设的分析可以很严密，也可以供别人来批评，批评者可以有的放矢地指出某一分析具体是哪里错了，这样学科才能发展，学术才能积累起来，否则会因为没有统一的假设，形成公说公有理、婆说婆有理的状态，大家都原地踏步。

我是做新政治经济学研究的，其实我们的研究和政治学家的研究没什么两样，大家开会坐在一起，都能听懂对方的语言，政治学家不会提出一个我们不知道的理论，我们提出一个理论政治学家也马上就知道怎么回事。在政治经济学这个领域，我觉得经济学和政治学基本上已经融合了，虽然这两个学科关注问题的角度略有不同，但基本上是一样的，方法也基本一样。

社会学家和经济学家之间的距离要大一些。社会学家认为技术只是一个瞄准器，使用合适的技术分析问题可以使问题变得清晰，但是要在什么地方使用什么技术，这必须从学科自身的一些视角出发来选择。比如社会学可能比较强调社会学的理论和社会学的田野调查。但这个说法也不准确，我们经济学家也做很多田野调查。他们收集大范围的数据，我们也收集，比如我们的 CFPS[⊖]就是经济学家和社会学家同时来做的。当年是我和马戎老师一起提出来的，然后我和社会学系的邱泽奇来负责，泽奇是调查中心主任，我是管理委员会主任，后来谢宇也参与进来，还有管理学院的一位人口学家也参与了。所以可以看到，至少在北京大学校内，学科已经融合了，CFPS 收集的数据可以用来做经济学研究，也可以用来做社会学研究，没有隔阂。我们当时在讨论问卷的时候没有任何的学科界限，谢宇不会说我们社会学就要怎么样，我也不会说我们经济学就要怎么样，我们只讨论一个问题应该怎么去问，怎么让大家更好地用这个数据，没有任何的学科界限。

当然社会学界有一些学者比较坚持传统方法，只做典型调查，不大范围地收集数据，也不做回归。比如武汉大学社会学系主任贺雪峰，20 多年来就坚持只做案例调查，只做描述，不总结理论。他多次明确跟我说，他们这里就是没有理论。我说，你们这个团队那么有名，培养了很多人，是中国社会学界很重要的一个团队，应该总结出理论来。但他就是坚持只做田野调查，坚持做本土派、山药蛋派，不要理论。其实他们完全可以

⊖ 即中国家庭追踪调查（China Family Panel Studies，CFPS），是北京大学在 2010 年开始做的一个调查，旨在通过跟踪收集个体、家庭、社区三个层次的数据，反映中国社会、经济、人口、教育和健康的变迁。

拿他们收集的数据来做回归，但是他们拒绝，认为做回归会失去很多内容。我其实很喜欢读他们写的东西，因为能看到活生生的中国社会。但是我总觉得这样不够，写了那么多文章，却没有形成理论，很可惜啊！

不过这也许是经济学家的偏见。因为我和贺雪峰认识20多年了，不怕他怪罪我说他没有理论。几十年之后，有人想知道贺雪峰做了什么研究，就得去读他的每一本书，从他的书中了解当时中国社会发生了什么。但我觉得这样不行。几十年后，很少有人会去把一个学者的每一本书都读一遍。如果没有简明扼要的理论，是很难在学术上留下自己的脚印的。而且，我们做社会科学研究不正是为了寻找理论吗？只有形成理论才能指导今后的研究，在最低层次上也可以让未来的学者少走弯路。

我也在想，为什么日本的经济学、社会学和政治学一直比较落后。大家从未听说过哪个著名的日本政治学家吧？为什么呢？因为日本的学术研究就是做描述，而且描述得非常细致，但最后却没有什么结论。这样的学科、学问是传承不下去的。

社会学家一直比较强调结构、行动、机制，意思是要把人放到一个复杂的系统里去考察，他们认为这种描述可能更加接近于我们日常观察到的现实。但是，如果停留在描述层面，却没有提出一个洞见，或者从中看到什么深层次的逻辑，那研究和大家日常讲故事有什么区别呢？经济学家会跳出细节，看大数据的平均结果，比如我们就收集了 1994 ～ 2017 年全国各地官员的大数据，这样我们就可以看到全国的情况，既能涵盖具体的现象，也能总结出一些规律性的东西。我们应该相信哪个结果，是大数据的结论，还是对某一个县的调查报告？我觉得答案是显而易见的。

我跟社会学家也有合作。20 年前，我和社会学家王晓毅以及一位现代史学家一起做过一个乡村人口流动的调查，一起写了一本书《村庄内外》。当时王晓毅就特别不愿意提理论，觉得研究就是描述，这就是社会学家的办法。这就是一个矛盾，既然社会学背后有自己的理论，那为什么社会学家自己不去总结自己的理论呢？美国的社会学家似乎不同，他们希望通过研究得到理论。比如我认识的一位华裔社会学家倪志伟（Victor Nee），他在 20 世纪 90 年代初提出一个转型理论，认为随着经济的转型，社会和政治也会发生转型。斯坦福大学的社会学家魏昂德（Andrew Walder）和他的夫人政治学家戴慕珍（Jean C. Oi）都研究中国，也都构建理论。

当然了，理论不一定成立，但理论构造出来就是要被检验的，而检验的结果可能是被证伪。但不论怎么说，理论都给我们提供了一个理解世界的框架。这就是我最开始所说的，经济学家做研究就是要简化世界，要告诉我们一个理解世界的框架。

第五章

经济学与现实世界

在第一章，我们已经讨论过普通人对于经济学的误解。当时我们主要是从经济学的理性人假设以及科研和现实之间的差距这两方面来谈的。在前几章的基础上，我想大家对于经济学已经有了更多了解，现在我们来集中谈一谈经济学和现实世界的关系问题。

社会公众对经济学的高期望

我们之前就提到，社会公众往往对经济学在解决现实问题上抱有很高的期望。在这背后，一个很重要的原因就是中国所处的经济发展阶段——中国的收入还处在快速爬坡的时期，大家觉得经济学家还应该发挥更多的作用。但事实上，我们看到，在世界范围内经济学家并没有发挥公众所期望的那种作用。

经济学家的失误

我可以先举几个例子，来说明经济学家没有做好的地方。

这十几年来最显著的例子，就是经济学家没有预测到 2008 年金融危机。不仅没有预测到金融危机，等金融危机开始之后，经济学家还表现出了异常的乐观。林毅夫老师是 2008 年 5 月去世界银行工作的，那时候金融危机实际上已经开始了。8 月，他去参加美联储的杰克森霍尔（Jackson Hole）全球央行年会，当时的美联储主席伯南克还是信心满满，因为他自己是研究 1929 年大萧条的。他在会上就说，他们已经知道了金融危机是怎么回事，也知道怎么对付它。那时候金融危机刚开始，大家没想到它会排山倒海般袭来，而伯南克其实并没有多少办法，最后救美国的不是美联储，而是美国财政部。

美国财政部拿出了真金白银救了一些公司，特别是美国国际集团（American International Group，AIG）。AIG 是美国最大的保险公司（有意思的是，它是在中国上海成立的），超过 40% 的美国家庭都跟 AIG 有关系，这是一个巨大的数字。我们都以为美国不存在对美国的重要性像三星之于韩国一样的公司，但实际上是存在的。美国政府向 AIG 注入了 2000 亿美元来救它。有意思的是，等退出的时候，美国财政部获利 200 亿美元。

在金融危机过后，英国女王给皇家经济学会写信，询问经济学家们为什么没有预见到这次金融危机。这是很罕见的，因为女王一般不会干涉公共事务。当时的皇家经济学会的会长蒂姆·贝斯利（Tim Besley）和其他一些经济学家硬着头皮给女王写了一封回信。我把回信读了一遍，没有明白他们的解释（英国人写东西很委婉、晦涩），但感觉总的意思是说，经济学家不是做预测的。

往远处说，还有 20 世纪 80 年代拉美的主权债务危机。那时，为了治理美国的通货膨胀，美联储主席沃克尔[⊖]大幅度提高美国市场的利率水平，导致国际资金紧张，加重了债务国的财务负担，最终酿成拉美的主权债务危机。债务危机到来之后，发达国家的债主们没有办法，只能对拉美国家予以债务展期或免除。

在现代社会，债主国不能再像中国庚子事变之后一样，直接控制一个国家的海关收入权来还债。但它们也不是什么都不做，而是要求拉美国家搞所谓的结构调整（Structural Adjustment），然后就有了我们现在说的"华盛顿共识"。

如果你仔细读其中的政策建议，华盛顿共识里的三大点、十小点，从经济学角度看应该没有太大问题。但是，在执行过程中，出现了超出华盛顿共识所要求的东西，特别是完全开放国际市场。我们知道，像巴西这样的拉美国家，在这个危机之前是采取进口替代战略的，并建立了自己的工业体系。但这个体系比较脆弱，一旦失去了贸易保护的屏障，马上就会垮掉。

⊖ 保罗·沃克尔（Paul Volcker，1927—2019），美国经济学家，1979～1987 年担任美联储主席，2009～2011 年担任美国的经济复苏顾问委员会主席，提出限制银行投机业务的沃克尔规则。

从数据上看，巴西的制造业增加值占 GDP 比重在 1985 年后断崖式下降，在这之后巴西基本上已经没有工业了。我们今天知道巴西还生产什么吗？对中国人来说，主要是铁矿石。可能还有人知道巴西的公务机，这大概是巴西唯一拿得出手的、能在世界上叫得响的制造业产品。

在里根和撒切尔夫人执政的引导下，再加上芝加哥学派开始占据经济学主流，整个 20 世纪 80 年代都流行着这样一股潮流：全世界都应该开放市场、实行自由贸易。但最后的结果反而是毁掉了拉美的工业。

世界银行在非洲也犯下了几乎同样的错误。世界银行的发展报告每年都有一个主题，1980 年的主题是农业，提出来同样的主张，要求发展中国家开放农产品市场。这个建议基本上毁掉了非洲的农业，因为非洲的农业非常脆弱，根本没办法跟世界市场上的其他农业大国进行竞争。

还有西方的对外援助。目前看来，至少西方早期的对外援助基本上是失败的。有人计算过，全世界各种各样的对外援助加起来每年有 3000 亿美元。如果直接分给非洲的居民，每个人能拿 300 ~ 500 美元，这对很多国家来说，已经相当于 30% ~ 50% 的人均 GDP 了。而一般居民收入占 GDP 的比例大概就百分之四五十，所以其实不用搞什么其他建设，直接把钱发给老百姓，人均收入自动就会翻番。而按照西方过去几十年的对外援助方式，这些钱基本上都打了水漂。这也是一个挺大的失误。经济学家，特别是在华盛顿的那些经济学家，包括世界银行、国际货币基金组织和美国政府的经济专家，并没有搞清楚该怎么去援助发展中国家。

经济学家为什么会犯错

为什么经济学家预测不到金融危机？为什么经济学家提供的一些政策建议最后都失败了？我觉得可能有以下几方面原因。

第一，经济学家的预测能力确实不足。其实贝斯利他们也没说错，经济学家就不是做预测的。经济学家所研究的世界太复杂了，我们能预测得最准确的大概就是股市，因为股市提供的数据多，而且还算有规律可循。但即使是股市，要想完全预测准确，难度也很大，所以还有那么多做金融的人去研究股市。但是，至今我们也没有完全研究明白股市到底是怎么运作的，关于股市最好的结论大概仍然是"随机游走"。经济学家只能去研究一些具有趋势性的东西，特别不善于预测剧烈的变化。对于一个趋势，经济学家可以依靠已有的数据外推，但是，对于出现突然上升或者突然下降的情况，只靠过去的数据根本就无法预测。所以，从经济学的研究方法来说，它并不擅长做预测。

第二，可能有意识形态在背后起作用。我们刚才讲到的对拉美结构调整的建议，很大程度上是受了 20 世纪 80 年代整个西方世界向右转这种意识形态变化的影响。经济学是有风潮的，这段时间流行这个风潮，下一段时间流行另外一个风潮，这种情况确实是有的。后来的 90 年代，克林顿在美国上台，工党在英国上台，整个西方的钟摆又向左偏了一点，阿玛蒂亚·森能够在 1998 年获得诺贝尔经济学奖，和这个转向也有些关系。所以，意识形态也是很重要的一个原因。

第三，经济学家把现实世界看得还是太简单了。比如对非洲的援助，为什么这几十年下来成效很小呢？一个原因就是，非洲很多地方连国家认同都没有。20 世纪 60 年代，非洲国家才纷纷独立，独立之后需要先进行所谓的国家建构（State Building）。而非洲的现实是，很多人都不认为自己属于某一个国家，他们忠诚的仍然是他们自己的部落。在这种情况下，给他们的援助，最后很可能落入了军阀的手里，落入了腐败官员的手里，或者当权者部落那里，对国家的整体经济发展起不到什么作用。很多经济学家不研究政治经济学，提出的政策就会有问题。

休克疗法就是经济学家不了解政治、社会还有制度的一个非常典型的失败案例。休克疗法就是在一夜间把一个国家的制度重新换一遍。然而，当把一个国家的制度推翻的时候，就会产生制度的真空，因为新的制度想要落地运作起来，需要的时间是很长的。在这个过程中生产组织就会瓦解，出现巨大的衰退。这是西方经济学家提出的休克疗法失效的一个非常重要的原因。

相比较而言，在中国经济学家提出的建议中，失败的例子少一些。我们可以回顾一下，在改革开放之后，中国经济因为采纳了经济学家的建议而导致比较大的失误的情况还是比较少的。这是因为中国政府比较务实，都是走一步、看一步，慢慢摸索，不容易犯大的错误。比如 20 世纪 80 年代初，政府手里的钱很紧，就实行积极的货币政策。后来，西方国家的经济学家来了告诉我们，这样会发生通货膨胀。后来开了巴山轮会议⊖，数十位国内外经济学家，其中包括科尔奈⊜，乘坐巴山轮顺长江而下，讨论宏观经济管理问题，特别是通货膨胀的问题。到 1995 年我们就有了《中国人民银行法》，直接把透支这扇门给关上了。

再看 21 世纪的头十年，中国的外汇储备猛增，按理说我们的通货膨胀压力是巨大的，因为这相当于进口了大量货币。中国人民银行在这段时间做得非常好，摸索出一条路，比如发央票、提高准备金率等，把货币发放的速度控制住了。在之后的十年里，我们的经济进入调整时期，但我们看到货币的增长速度还是比较快，我觉得很大程度上就是在消化过去积攒的货币存量。在通胀压力不高的背景下，释放一下货币对经济没有多大的冲击。

当然，也不是说我们的经济学家就没有犯错误的。我觉得，有时候政府接受了经济学家的错误建议，很大程度上是因为经

⊖ 1985 年 9 月，历时 6 天的"宏观经济管理国际研讨会"在巴山号游轮上召开，数十位国内外顶尖经济学家与会，此会议后来称为"巴山轮会议"。
⊜ 雅诺什·科尔奈（János Kornai，1928—2021），匈牙利科学院院士、哈佛大学教授，代表作《短缺经济学》《社会主义体制：共产主义政治经济学》。

济学家在投政府所好。他们在猜测政府需要什么，然后就赶紧提相应的建议，这些建议往往包含非经济因素的考量，所以，最后实施起来就会发现，它们实际上是馊主意。

经济学专业学生的困惑

其实不光是社会公众对经济学的现实意义有疑问，经济学专业的学生，在学习过程中也会有很多困惑，感觉经济学理论和现实之间存在很大的鸿沟。尤其是，一些学习经济学的学生是抱着经世致用的理想来的，结果开始学习之后就发现，经济学怎么这么抽象啊！到了研究生阶段，这个感觉恐怕就更明显。我们国发院的学生来源比较多元。一些学生以前并没有太多的经济学背景，他们的这种疑惑就会更大一些。我们的研究生第一学期就要学习"三高"，就是经济学的三门高级课程（高级微观经济学、高级宏观经济学、高级计量经济学），都是非常抽象的，于是就会觉得离现实距离太远。

我想，这还是属于经济学是用来干什么的问题。我在本书开篇就说，经济学是用来解释世界的，而不是用来改造世界的，所以经世济民不应该是经济学的理想。如果你学历史学，那你可能就不会问这个问题。学历史学并不是为了经世济民，而是为了解释历史。经济学也是一样，是为了解释当下的经济现象。只不过我们要解释的现象具有一些特殊性——用老百姓的话来说，搞经济不就是要赚钱吗？但是，你再想一想其他学科，社会学让我们理解这个社会是怎么运作的，政治学教我们理解政治体系，但这不意味着我们学了社会学之后就应该变成一个世故的人，或者学了政治学之后就应该成为一个政治家。经济学是一样的！大家总是觉得学了经济学就应该去应用，恐怕主要还是因为日常生活中我们天天接触经济，需要赚钱养家糊口，希望经济学更有用一些。

学习经济学的同学，一定要完成一个跨越，就是要把现实的问题和理论联系起来，不能学到最后是两张皮，理论就是理论，然后现实还是现实。这也是我们国发院的本科生项目非常强调对理论和现实都要理解的原因。一方面让同学们要学好理论、学好数学，这样基础才稳固，同时还要涉猎很多其他学科的内容，政治学、社会学、哲学、历史学等。另一方面，我们又带着同学们去看世界、看现实。这就是所谓的"读万卷书，行万里路"，总之是为了培养我们的同学把理论和现实结合起来的能力。我们的本科生每年夏天都要去一个地方调研。2021年我随着我们的本科生一块去弥渡，同学们的表现非常好，白天做调研，晚上回来讨论。我听了他们的讨论，发现他们会用经济学理论去分析白天看到和了解到的现象。你可以说，他们的理论分析比较幼稚，可是他们是不到20岁的年轻人，慢慢学，时间长了，自然就学会了经济学的思维方式。

当然，并不是所有的项目都有我们国发院这样的条件，可以让你去看世界，在现实世界和理论之间反复穿梭。但至少，我们每一个学习经济学的同学，都可以自己有意识地运用经济学的理论去思考现实的问题，慢慢建立起感觉来。至于一个经济学博士生最后能不能变成一个经济学家，最重要的是看他能不能完成从书本学习到现实问题研究的跨越。这个我在后面还会讲到。很多同学并不知道怎么从现实中提炼经济学问题，然后用经济学的理论模型进行研究，那就是没有完成这个跨越。当然，这是一个更高的要求，需要同学把经济学作为自己的事业来追求。一般来说，绝大多数学经济学的人并不会成为经济学家，能够建立起经济学的思维逻辑就足够了。

经济学对现实问题的解释

普通人和经济学专业的学生都能感受到经济学理论和现实操作之间的距离，经济学作为一门学问确实存在这种张力。但是，我们一再强调的是，经济学主要是为了理解和解释世界，经济学能够对一些社会经济现象提供很好的洞见。那么，哪些是经济学擅长解释的领域呢？哪些是经济学难以解释的领域呢？

经济学擅长解释的领域

我们在第一章就说过，经济学从理性人假设出发，建构起一座经济学理论的大厦。所以，能比较好地被经济学解释的东西，首先，就是理性计算的作用比较显著的东西。比如市场交易，这是大家都要用理性来计算的，否则可能就会赔光。当然，我们前面也说过，即使是在市场交易这个方面，经济学家做预测的难度也非常大。我们前面已经讲过很多原因，最重要的原因就是不确定性太多了。如果对未来一无所知或知之甚少，经济学也是无能为力的。

其次，经济学对于政治和经济交汇处的研究也比较在行。在这一点上，恐怕经济学家会比政治学家做得更好一些，因为在这个交汇处，理性计算也是非常重要的。政治家在做决策的时候，当然会受他个人感情的影响，会受他个人意识形态的影响，也会受对政治势力考量的影响，但是一个政治家如果想长期执政，理性计算还是非常重要的。在这种情况下，用经济学的方法去研究政治家的决策——我说的是他们在政治和经济交汇处的决策——是相对比较可靠的。

还有一些地方，你看不到理性计算，但是背后有潜在的理性计算，这个时候经济学家也会做得比较好。我想给大家举的例子就是家庭内部的分工问题。我在前面说过，之前我觉得这根本就不是经济学家应该研究的地方，但事实上，在家庭内部的分工方面，理性计算是存在的。家庭，无论如何，既是一个生产单位，也是一个消费单位，特别是在某些农村地区，因为某些农民的收入比较低，他们的生产和消费没办法分开。比如一个农村家庭，夫妻俩还有儿子、女儿，那么这一家人怎么分配他们的劳动时间和从事的行当呢？这是需要理性计算的。比如，儿子可能擅长做生意，那就应该让他去做生意，女儿可以出去打打工，父亲搞一搞农业，母亲操持家务。这样就会形成自然的劳动分工，其中有所谓的比较优势的问题。

我们看到，过去几十年中国家庭当中发生的很大的一件事，就是有很多妇女回归家庭。改革开放以来，我们国家女性的就业率下降比较快，从以前的 80% 上下，下降到现在只有 60% 左右，在这 40 年的时间里下降速度还是很快的。女性回归家庭，其实也是有理性计算的。女性抚养子女是有比较优势的，小孩子在小的时候大多跟妈妈亲，而男性在这方面则往往处于劣势。

经济学难以解释的领域

那么，有哪些是经济学不好解释的地方，或者说老百姓不接受经济学解释的地方呢？

我觉得，第一就是涉及个人世界观的地方。每个人都有自己的世界观，千差万别，但经济学家只有一个目标——效率。那么在这种情况下，很多人就会觉得经济学家不了解老百姓的疾苦。这样的例子很多，我可以用一个年轻人身边比较普遍的问题做例子。

我们前面谈到过就业问题，对经济学家来说，所谓的大学生就业难恐怕是个伪命题。因为我们每个人刚出校门找工作的时候，会有一个搜寻和匹配的过程，这就是经济学讲的劳动力市场的匹配问题。刚毕业的大学生对自己的期望很高，觉得应

该找一个高收入、有意思、很体面的工作，但是在匹配的过程
中，要找到这样的工作是有难度的。大学毕业生很多，如何让
市场知道你的独特能力，这需要一定时间。所以，我们看到大
学毕业生在毕业后的头两年，换工作特别频繁，恨不得每6个
月换一次工作，这是经常发生的。有些人干脆说，我就不找，
我就要再看一看。于是，好像就出现了失业问题。现在高校都
强调三方签约率，还都想要达到90%以上，这样才感觉自己成
就很大，但是完全没必要。

搜寻是要时间的。在职场上，一个人自己认为的价值和市
场给他的定价之间是有差距的。经济学家对此就会比较"冷
酷"，因为市场上最后的定价不是完全根据每个人的能力，而是
根据市场上最后一个人的能力来定价。如果你想让市场知道你
独特的优势，这是需要时间的。

第二，如果是涉及非市场价值的东西，经济学家和普通老
百姓之间也会产生冲突。比如家庭内部的资源分配。我刚说的
是劳动分工，还有一个资源分配的问题。经济学，特别是发展
经济学，有一个所谓的市场价值假说，就是说一个家庭内部的
资源是按照每个家庭成员的市场价值来分配的。当然这主要说
的是比较贫穷的家庭，富裕后可能就没有这个问题了。有的经
济学家关注女性在家庭中的资源分配问题。我前面提到过舒尔
茨，他的儿子保罗·舒尔茨和合作者在印度就做过这样的研究。
他们发现，如果一个区域的女性就业率比较高，那么这个区域
的女孩在家庭中能获得的营养就要多一些。他们的解释是，因

为女孩将来的市场价值会高一些，所以就给她分配相对更多的家庭资源。

我和合作者用中国的数据做过类似的研究，发现的结果很有意思。我们看一个家庭全生命周期的情况——实际操作中不是看一个家庭，而是看不同年龄段的家庭——看医疗资源的分配，发现年轻的时候女性得到的多一些，到了 60 岁之后，男性得到的多一些。这一现象符合一个纯经济学的解释：女性在年轻的时候要养育孩子，因而需要的资源就比较多，到了老年之后呢，不怎么需要付出了，因而需要的资源就少些。

还有一个例子，就是我经常劝年轻人不要买房子。从纯经济学的角度来看，绝对不应该在大城市买房子，因为租金很便宜，不到房价的 2%，也就是说比银行的存款利率还低，按照纯理性计算，大家应该把房子卖掉，然后把钱存到银行里，再把卖掉的房子租回来。另外，在目前的状态下，希望将买房子作为保值增值的手段，恐怕是错误的，因为未来的 10 年、20 年中国的房价不太可能再大涨。很多人不懂复利的概念，看不到每年的小增长最终能够累积成大增长。比如买房子要花 1000 万元，这 1000 万元就都沉淀到房子里了。但如果将这 1000 万元拿去投资，我觉得每年 5% ~ 7% 的回报率是可以实现的。如果是 7% 的回报率，10 年就翻番；如果是 5% 的话，14 年翻番。但未来 10 年到 14 年，北京的房价还可能翻番吗？这种可能性很小。所以这么一考虑，就不应该买房子，至少不应该将买房子作为财富保值增值的手段。

但为什么年轻人特别反感我的这种观点呢？因为年轻人买房子还会考虑非市场价值，比如婚配因素，还有一个是觉得买了房子自己就自由了。现在好多女生也买房子，我问她们为什么要买，她们说觉得有自己的房子更自由，哪怕买一个 30 平方米的，也觉得有一个完全属于自己的地方。这就是非市场价值，这个时候经济学就不太容易给出很好的解释了。

第三，就是长期经济增长问题。虽然长期经济增长是经济学一个重要的研究范畴，但事实上经济学家对长期经济增长的解释是很差的。这里的"长期"，是指历史上的长期，即几百年的时间长度。

对于中短期的经济增长，经济学家还可以做出一些解释。对于中期的经济增长，经济学家能够举出很多比较可靠的增长动力，比如制度、资本积累等，如中国，由于改革开放我们才有了过去 40 多年的飞速增长。对于短期的经济增长，就看供给还是需求是短边，如果短边在需求侧，凯恩斯告诉我们，那就提升需求，特别是消费；如果短边在供给侧，那就提升供给。这些我们基本上是比较清楚的。

但是关于长期和超长期的经济增长，经济学家的解释都是比较弱的，比如李约瑟之谜。李约瑟[○]问，中国在宋代及之前的1000 多年里技术都领先世界，但为什么没有产生科学？经济学

○ 李约瑟（Joseph Needham，1900—1995），英国生化学家、科技史学家，以研究中国古代科学技术而闻名于世，主编《中国科学技术史》。

家把这个问题变为：为什么中国没能产生工业革命？这就是所谓的大分流问题。经济学家对此给出了无数的解释，但是我认为都不足以回答这个问题。经济学家在做出解释的时候，会比较关注微观机制。比如伊懋可[⊖]，他的理论在经济学界有很大影响，他提出"高水平陷阱"的解释，认为因为中国农业高度发达，所以社会就把大部分资源投入农业，但农业产出的增加被人口增长所消耗，社会就陷入一个高度发达的农业的马尔萨斯陷阱里，工业投入不足，所以没能产生工业革命。这个解释听起来是有道理的，但是它并没有解释为什么西欧没有陷入马尔萨斯陷阱，反而在黑死病之后就进入了一个上升期，而且突破了马尔萨斯陷阱。

其他社会科学家给出的宏观解释可能更可靠一些，我个人认为最可靠的恐怕是与发现新大陆有关。发现新大陆是15世纪以降整个人类社会发生的最大的事件。

经济要增长，靠自身经济禀赋一步一步发展，最后一定会收敛到一个稳态。我一直强调，一个文明也好，一个国家也好，发展到一定程度，最终必然有一个力量会把它拉回来，总有一个负反馈机制在其中，不可能永远是规模报酬递增的。所以我们在考虑长期经济增长的时候，一般要假设技术是规模报酬不变的。在这种情况下，一个封闭的经济不可能无限制地积累资本，因为最终边际报酬递减规律会让资本无利可图，净增长为

⊖　伊懋可（Mark Elvin, 1938— ），英国历史学家，代表作有《中国历史的模式》《大象的退却：从环境角度看中国历史》等。

零。这样，一个经济单靠自己，不太可能生出一个新的文明，这个难度是非常大的。

就中国而言，秦始皇统一中国拓展了中国经济发展的边界，此后的千年间我们都在上升期，到了北宋达到最高峰，之后中国的各项指标都在衰退，政治、经济、文化、军事全都在衰退。欧洲怎么走出了旧有的马尔萨斯陷阱呢？因为他们发现了新大陆，拓展了新边界。一旦有新边界的拓展，经济就会实现突变，所有的国家都是这样。美国也是如此，19世纪美国内战之后，其经济净增长就来自西进运动，西部淘金热支持了东部的工业化，所以美国在短时间内，从一个穷国变成了世界上最富有的国家。中国过去40多年之所以增长那么快，一个原因就是发展出口外向型经济，拓展产品的新边界。

所以，从大分流可以看出，经济学家提出的解释过于单薄。历史学家、考古学家或者自然科学家给出的解释，恐怕比经济学家的要好很多。一个重要的原因是，在长期，一定有一个显著的事件，才能改变一个国家的命运。经济学家最反感这样的突变，经济学家的工具箱里比较多的是处理连续变化的工具。

经济学家做出的现实贡献

但是，在现实生活中经济学家还是对经济发展做出过很多贡献的，中国经济学家在这方面做得就比较好。中国面临两个挑战，一个是经济转轨，另一个是经济发展。在这样一个巨变的时代，中国经济学家确实发挥了很大作用。我在这里举几个例子。

第一个是 20 世纪 80 年代提出的价格双轨制。价格双轨制是张维迎老师提出来的。张老师在 1984 年 2 月发表了一篇文章，因为发表这篇文章的杂志是一份不太起眼的杂志，所以价格双轨制的发明权一直是一个悬案。但维迎现在找到了那期刊发他的文章的杂志，我觉得这个悬案可以结案了，那期杂志也可以成为一份历史文献了。维迎在那篇文章中就提出，产品可以一物二价，就是有一个计划价，然后市场可以开放，产生一个市场价。这和农产品的征购价和超购价是不一样的，因为这两个价格都是政府定的，而没有市场定价的部分。后来，在那年 9 月的莫干山会议上，价格双轨制正式作为给政府的政策建议提出来。莫干山会议是一个思想的自由市场，就像周其仁老师说的那样，某人想开一个讨论会，在一个房间外边挂个牌子就开讲，其他人自愿去听，然后大家开始辩论。价格双轨制的建议就是这样提出来的，并被当年 10 月中央开会做出的关于城市改革的决议所采纳。

第二个是国有企业改革。国有企业改革的理论准备是厉以宁老师完成的。厉老师当时提出来的方案是进行股份制改革，把国有企业转换成股份制公司。当时厉老师提议以交叉持股为主，就是国有企业互相持股，因为当时还没有足够多的民间资本。他的这个想法在当时是非常超前的，那时大家还根本不知道证券交易所是干什么的。《财经》杂志的王波明讲过，他那时从美国回来，设计中国的证券交易所。那时朱镕基是上海市市长，王波明要说服他在上海开设中国的第一个证券交易所。他说服朱镕基的理由是，证券交易所可以帮助国有企业脱困——国有企业上市卖出股份，吸收社会资本，这样就实现脱贫解困了。当时没有多少人知道证券交易所是干什么的，对股份制是什么也根本不了解。当年深圳证券交易所开张，各单位要动员大家买股票，但仍然很少有人买。如果当时买股票的人将股票持有到今天，那肯定是亿万富翁了。

到了 20 世纪 90 年代中期，林毅夫老师和张维迎老师就国有企业改革到底走哪条路进行了辩论，这就是所谓的"北京大学交火事件"。林老师认为应该把国有企业的不必要的负担都去除掉，让其真正成为市场主体。而张维迎老师说，即使国有企业成为真正的市场主体也没用，因为它的产权是不明确的。这个辩论对于厘清国有企业改革的目标、推动国有企业改革的研究起到了显著的作用。

第三个是周其仁老师参与当年的电信改革讨论，我认为这是把经济学知识应用到现实中的一个非常典型的例子。当时我们马上要加入世界贸易组织，国内要做许多改革，电信改革是其中之一。当时主管部门希望拆分中国电信。但关于怎么拆分，当时有了分歧。当时的主流思想是不能搞重复建设，王小强是代表人物之一。20 世纪 80 年代初，他和周其仁、邓英淘，还有宋国青老师等一些青年学者都是中国农村发展问题研究组

（简称发展组）的成员，办公地点在与朗润园一湖之隔的北京大学招待所（现在是北京大学科维理天文与天体物理研究所）。他们都是朋友。后来，王小强从剑桥大学取得博士学位，但不知为什么变得非常保守。他认为不能拆分出多家电信企业，不能重复建设，而且政府应该掌握基础设施，运营商只管网上运营，就和国家电网一样，电网由国家掌握，然后发电和供电放开。王小强的这种思路，目的是避免重复建设。但周老师说，经济学里不存在重复建设，它是竞争付出的必要成本，电信改革的方向应该是拆分中国电信，并允许非电信网络（那时主要是互联网）做电信业务，形成数网竞争。当时，周老师基本上是孤军奋战，但最后他还是以一己之力把主管部门给说服了，最后改革采取的就是他的方案，就有了后来的中国电信、中国移动、中国网通。

当时还有一个背景，就是电信企业总想垄断电信业务。当时有一个很著名的案子，福建有人提供网络电话服务，中国电信就把他告上法庭，而且法院还判他输了。周其仁老师认为这不合适，既然网络可以提供电话业务，且有消费需求，为什么不允许这项业务呢？今天我们用微信电话是家常便饭，周老师20多年前的意见真是远见卓识。

以前我们实行计划经济，非常担心重复建设，任何建设都要事前计划好，避免重复建设。但是市场经济运作，就有很多重复建设，它们是创新必要的成本。没有这些重复建设，没有竞争，就不可能产生创新。

以上是经济学家把经济学应用到国家政策上最成功的几个例子。现在，我在参与有关中考分流的讨论，我觉得经济学家的贡献也很重要，可以给教育界提供一个新的视角。教育界因为长期置身其中，形成了自己的一套思路，而且还在不断自我强化，比如教育系统内部就认为学生之间的竞争是理所当然的事情。经济学可以为教育问题提供什么洞见呢？经济学善于分析事件或政策的结果，这是经济学和其他学科很不同的一个地方。所以对于教育分流，我们就要问最后的结果是什么样的，我们会发现，中考分流给家长和学生造成很大的压力，学生把很多时间花在浪费性的学习、刷题上面，最后形成一个很坏的纳什均衡。本来大家不用学那么多，但因为其他人的压力被迫学了很多无用的东西，毫无意义地刷题，这就是经济学里的无谓损失。很多教育工作者看不到这一点，而是认为这种付出是应当的，是竞争的必然结果。但对经济学家来说这是社会资源的白白浪费。

在中国经济学家能起到一定的作用，我认为是因为中国还在制度建设的过程中，需要各个层次、各个领域的人一起来讨论问题，而经济学家有一定的优势，因为我们的逻辑能力特别强，我们会提供一个比较全面的图景，然后用强大的逻辑对问题进行分析，所以可以给社会、给政府提供比较准确的建议。当然，最终建议能不能被采纳，还是需要政府把关。不过，其中也有经济学家自身的努力，就像周其仁老师那样，一个人面对强大的阻力，不断地为自己的观点奔走呼号，最后取得政府的认可。

学院经济学家和市场经济学家

很多人觉得市场经济学家更懂市场，或者说离老百姓生活更近一些，而学院经济学家高高在上，不懂老百姓。其实我觉得这个差别，和理论物理学家跟工程师的差别是一样的。学院经济学家相当于理论物理学家，而市场经济学家相当于工程师，大家各有专长。工程师要用到物理学的原理，但是做不到理论的创新，而理论物理学家有理论创新，但可能连自行车都不会修。就像牛顿，他做了一件在常人看来很"书生气"的事情——他养了两只狗，一只大狗，一只小狗，它们住在同一个狗屋里，他给大狗开了个大点儿的门，又给小狗开了个小点儿的门。牛顿生活在自己的世界里，失去了对现实生活的感觉。所以，学院经济学家和市场经济学家都是需要的，就像我们既需要理论物理学家，也需要工程师一样。

但是，对于市场经济学家，普通民众在听他们讲话时要多加小心，因为他们当中有些人往往会带有自己所服务的机构的一些倾向。这需要大家做一些辨别，如果有哪位市场经济学家明确告诉你应该买哪只股票，千万别信他。油滑一些的市场经济学家，就会说得比较模棱两可，让大家去猜他的指向。在这方面，我觉得很多首席经济学家做得比较好，他们给出的分析是比较客观的，不会完全从自己所在机构的利益角度出发去谈论问题。

第六章

普通人需要学习经济学吗

普通人学习经济学的理由

对一般人来说，有必要学习经济学吗？这个问题，第一章已经有所涉及，我认为普通人需要学习经济学的基本原理。在我看来，经济学可以在自我完善和日常工作两个方面对普通人有所帮助。

经济学和个人的自我完善

我们先说第一个方面，一个人的自我完善。高质量的生命需要自我完善的滋养。知识不多的人总是问学了知识会有什么用，我可以告诉大家，可能没多大用处。一个人生活得好坏和他学不学社会科学，或其他门类的知识，并没有多大的关系。在工业革命发生之前，还没有社会科学这个词，亚当·斯密还是伦理学的教授，人们并不需要知道这些东西，经济照样发展，工业革命照样发生。我们甚至可以再回过头去看那些原始人，他们生活得可能也挺愉快。站在今天看，会觉得他们的生活比较艰辛，但他们因为不知道这个世界是怎么运作的，所以反倒可能活得比较简单。

那人类文明的进步在哪里呢？其实很重要的一点，就是人类自我的完善：我们对自然了解得越来越多，对自己的社会了解得越来越多，对自身也了解得越来越多。赫拉利在《人类简史》中写道，人类文明的进步就是一个编织故事的过程，人类文明是由一个一个故事组成的。你看，一个人要变得更加丰富、更加完善，他就得理解这些故事。

一个没有知识的人也可以平安幸福地活过一生，但是，生命是有质量之分的。人生如白驹过隙，到头来如果你发现你对生活过的这个世界知之甚少，难道不是一个很大的缺憾吗？我伯父不识字，但因为务农经验丰富，受到村里人的尊重。就他的年代而言，他的一生似乎也没有多少缺憾。但是，他深知不识字是他的短板，把读书看作一件严肃的事情。记得有一次我跟着伯母去走亲戚，在集镇的书店里买了一本小说，伯父看我读得津津有味很高兴。但我没两天就读完了，把书扔在一边，伯父就很不理解，骂我读书不认真。

我觉得，每一个人都应该学一点儿无用的知识，包括社会科学的知识，不光是经济学，还有哲学、社会学和政治学。只有这样，他才是一个比较完整的人。

按理说，一些基础的社会科学知识，在中学就应该学了，特别是在高中阶段。国外的高中是有经济学这门课的，现在国内一些好的高中，也有经济学的选修课。但是，绝大多数的高中恐怕是不太可能做到这一步的，因为大家都忙着去读书、刷题、考试，最后的目标是考大学，而经济学又不是高考科目。所以，大多数高中学生是没有学过经济学的。当然，我们的高中阶段，有政治经济学的相关内容。但是，一方面，政治经济学在很大程度上在讲资本主义，采取的是一种批判性的取向；另一方面，政治经济学也只是讲到了经济的一个侧面，而不是全貌。所以，一个普通人高中毕业后读大学，如果不是读经济学的话，他这一生可能就没有机会再接触经济学。在农村地区，很多人连高中都不读，初中读完就去工作去了，那就更没有机会去学经济学。

如果要落到实处，我想，学习经济学对我们每个人来说的第一个意义，就是帮助我们理解经济系统是怎么运作的。大家可能会问，为什么日常经验是不够的呢？因为刚才我也说了，不学经济学，经济好像也照样可以搞好。但是我们会看到，日常经验有时候是不够的。我们自己感觉，我们做出判断的时候不受别人的意见所左右，可以根据自己的观察来做出正确的判断，但事实上，我们每个人都会受到来自家庭、学校、社会、政府的主流话语的影响，在不知不觉中接受了一个理解世界的模板。这样的话，你就会发现经验认知往往是不够的，甚至可能是错误的。

我自己小时候在农村生活，后来读了大学再回到农村，从我受的教育出发，就会认为农民在很多方面非常保守。比如，20 世纪 80 年代初计划生育刚开始，亲戚朋友都想生男孩，而且不能只生一个，要生好几个。我当时就很不理解，觉得这种想法很不理性，生了这么多孩子不会受穷吗？而且政府鼓励计划生育，生多了还要罚款。学了经济学之后，我就觉得相对容易理解了。因为农民生活在自己的约束条件下，在这些约束条件下，他们的选择是理性的。比如，劳动力是一个非常重要的生产资料，要是不生儿子，家庭收入就上不去。这是一个非常现实的考虑，尽管我们认为这种思想有很大的局限性。当然还有社会学的原因。一个是传宗接代，"不孝有三，无后为大"。还有一个让我吃惊的现象是，在村子里男孩多了就有说话的权利，这也是特定历史条件约束下的产物。

学经济学，可以把你的思路拓宽，让你去试着理解周边的人和事，你的生活质量可能也会随之而提高。哪怕是夫妻之间，有时候也会意气用事，产生一些错误的理解，导致闹别扭。但如果你把心静下来，特别是用经济学这种比较"冷酷"的思维方式，去理解一下对方，你往往会发现对方也是可以理解的。邻里关系也一样，多了理解也会变得更加融洽。学一些经济学的知识，可以提高我们理解这个世界的能力。

我一直说的是，经济学相较于其他社会科学的一大优势，在于它的理性人假设和底层人性是相符的。所以，学习经济学之后，你可以看清楚事物的本质，而不是被人类社会已经编织的那些故事所左右。有些社会学家可能就不会到达这个底层，他们在中间层，认为存在各种社会关系，会约束一个人的选择。当然，你也可以这么去理解社会，但是你会发现好多问题是想不清楚的。当你沉到经济学这个底层逻辑上之后，对于上面所有的架构，你慢慢就会觉得很清晰。当然，这只是经济学提供的视角，你也可以有不同的看法。

相对来说，中国人当中极其聪明的人比较少，离经叛道的人比较少，在这一点上整个东亚地区都差不多。绝大多数中国人都是循规蹈矩的。为什么呢？我觉得其中可能有一个经济方面的原因。整个东亚地区的气候很有规律，我们有洪灾，也有旱灾，但是总体而言，一年四季分明。中国人还发明了二十四节气，你不按照节气走，到秋天就没有收成。我伯父大字不识一个，但他之前是生产队里的大脑，哪天该去泡谷种，哪天该去播种，哪天要去插秧，他都一清二楚。我当时还小，就觉得他一个文盲，怎么能记住这些东西呢？但是，他就是全记住了。在这样的环境里，如果有离经叛道的人，他可能就活不下来。比如，村子里出了一个离经叛道的人，他不按时去种地，那他家就没收成，没收成就娶不到媳妇，然后他就没有子孙了。这似乎都跟经济学无关，但我想说的是，这些事情背后的底层逻辑，和我们经济学的理性人假设是符合的。在村子里，你不务正业，那就娶不到媳妇；娶不到媳妇，这跟经济生存是有关系的。

　　为什么苏格兰人创造力那么足呢（至少在一定时期里）？我觉得可能跟当地气候有关系。如果你去过苏格兰，就会发现那里的气候反复无常，这个时刻晴空万里，半分钟之后瓢泼大雨就下来了，两分钟后可能又晴空万里。那里的气候没有任何规律可言，所以对他们来说，也不存在一个所谓的规律性的生活。在这种环境下成长的人，就更可能离经叛道，产生新奇的想法。

　　除了日常生活，在宏观层面，我觉得经济学也是很重要的，可以帮助我们去理解经济系统的运作。我们在第一章里也提到了，现在网络上有一些"杠精"，绝大多数"杠精"都是教育水平比较低的。他们可能没有上过大学，没有接触过社会科学的那些东西，所以不用说他们能否理解经济系统是怎么运作的，他们可能连怎么参与公共讨论也没搞明白。美国的社交媒体也很发达，但是总体而言，他们的讨论要理性一些，即使观点很极端，但是大家的论证还是有逻辑的。我们的这些"杠精"，很多人没有论证，思维是"跳"着走的。我想这也和缺乏社会科学的训练是有关系的。而经济学是社会科学里逻辑最严密的，学点经济学，锻炼自己的逻辑思维能力，可以对宏观层面发生的一些现象有更加理性的认识。

　　以上就是我讲的第一个方面，个人的自我完善。我觉得从这个角度看，大家学习经济学，或者说以经济学为基础的社会科学，还是非常重要的。

补充一点。对年轻人来说，学一些经济学对自己的职业发展也是有好处的。对年轻人来说，比较重要的还是自己未来工作的前景。学了经济学之后，大家就会比较理性地去分析自己的优势，就是经济学所谓的比较优势。比如，进入国发院学习的研究生，一开始大都立志要做学术研究，读了一两年之后，和左右同学比较一下，大体上就知道自己是适合做学术研究，还是更适合去做更实务的工作。我特别想举李雪琴的例子。她是北京大学的毕业生，学新闻传播的，从专业来说肯定是要做记者。她一开始也是向着这个方向发展的，还到纽约大学去留学。可她后面没有去做记者，虽然她自己说是遵从内心的选择，但我觉得她心里肯定是做过比较的。她误打误撞做脱口秀，最后发现自己在脱口秀方面的潜力还不错。而且，她还有北京大学毕业生知识面广的优势，所以她的脱口秀里有很多别人想不到的东西。在演艺界，这就是她的一个非常重要的比较优势。所以年轻人学会这一套比较理性的思维方式，可以把自己未来职业的方向想得更清楚。

日常工作中的经济学

第二个方面，经济学对于日常工作也有意义。我们每个人的工作其实都跟经济学有关系，这也是经济学和其他社会科学不同的地方。假如我是一家公司的白领，那我跟社会学、政治学没什么关系，不理解这些也没多大关系。但是，经济就摆在你眼前，你天天都做相关的工作。那你学点经济学，恐怕对于你从事自己的日常工作也是会有帮助的。在这方面，我觉得有几个经济学的基本概念，对于我们日常工作会有很大的帮助。前面我们已经讲过一些，但是我愿意再重复一遍，把它们串起来。这几个概念分别是：边际、反馈、均衡。

　　第一个概念是边际。边际思维是一个非常重要的方法论，是经济学中的一大革命。所谓边际思维，就是让我们去想最后一个人或者最后一个单位的商品，会发生什么事情。我在前面讲了很多这方面的例子，如高速公路收费的问题。如果你是做销售的，对边际一定要一清二楚，否则你会很浪费时间。有些人你不去做他的工作，他照样会买这个产品，他就喜欢这个产品，你不应该在这类人身上花精力；还有一些人，你费很大力气，他们也不会买你的产品；你应该在那些想买又不买的人，在这些处于边际上的人身上花精力，想办法把他们转变过来。

　　边际思维还有另一个非常重要的方面，那就是在给定其他因素不变的情况下，考虑一个因素的变化会带来什么变化。在日常生活当中，我遇到很多人，特别是年轻人，他们想不清楚自己该干什么。你回应他的东，他就说西该怎么办，结果把自己绕进去了。经济学家就会先把这个事情理一遍，确定哪一个因素或者哪几个因素是需要主要考虑的，然后给定其他因素不变，只变动这一个或几个因素，去看会发生什么样的变化。我觉得，这样一种思维方式，对于我们做日常工作是非常有帮助的，否则就没办法进行交流和讨论。

　　第二个概念是反馈。每个人都会面临各种政策变动，政府的也好，公司的也好，人们会对其做出反应。比如公司制定一个奖励政策，员工就会对此做出反应，那么，公司在出台政策之前就要把这个反应给考虑进去。但政策制定者往往不能做到这一点。

　　再比如我们搞计划经济的时候，有一个巨大的困惑，那就是中国的外汇短缺。外汇太重要了，我们需要用外汇去买其他国家的机器设备，但我们的外汇总是不够。怎么办？当时想的是可以把中国商品的出口价格抬高一点，认为这样就可以赚到更多的外汇。一个办法是高估人民币的币值——人民币更值钱了，就可以换来更多外币，英镑也好，美元也好，这样就解决了我们的外汇短缺问题。但事实上，这么做的结果是，不仅没有解决外汇短缺的问题，反而让外汇短缺越来越严重。为什么呢？因为当时没有想到第二步——国外的消费者会做出反应，人民币币值高估之后，中国出口的东西就贵了，人家就不买了。只要不买你的东西，你就赚不到外汇。我们就进入一个下行循环。这是一个典型的例子。后来到1994年，我们进行了外汇改革，官方汇率和市场汇率并轨。一开始大家也害怕，说人民币这么贬值，那我们的外汇可能会更紧张了。但结果正相反，10年之后，我们愁的反而是外汇太多了。

　　还有一个例子，复旦大学公共卫生学院的一个团队，最近（2022年）写了一篇文章，《自然·医学》杂志已经将其放到了网上，引起了很大的反响。他们是按照上海的情况去推算，假设中国采用美国那种全部放开的政策，在半年内将会导致超150万人死亡。这是一个巨大的数字。但是，就研究本身来说，这篇文章是有缺陷的。

首先，文章没有考虑到中国的农村地区和城市地区是非常不一样的。中国的农村地区，人口比较稀疏，所以不能简单地把上海的2000万人口，变成中国的14亿多人口，这是有问题的。其次，我觉得更为重要的是，一旦放开防疫政策，很多人，特别是老年人、高风险人群，他们自己就会采取一些避险的策略，比如少出门、抓紧接种疫苗等，那么就会降低重症率和死亡率。这个效应到底有多大呢？我们不知道，因为我们没做可控实验。但中国人习惯谨小慎微，遇到风险会自我规避，这个效应可能比较大。就像2020年新冠疫情刚出现的时候，北京的小区并没有完全封闭，只是进去要检查健康码，但很多人就选择不出门。那时候餐馆还开着，我们家比较胆大，老出去吃饭，还觉得挺好，因为人少，基本上就我们一桌。但是，我的一些朋友，三个月都没下过楼，一直待在屋子里，因为他们本来身体就不太好，觉得出门风险太大。

英文中有一个词叫incentive，一般翻译成激励。人对激励是会做出反应的。你给他奖励，他就会多干；你给他惩罚，他就会少干；有风险他就会避险。

第三个概念是均衡。普通人可能不知道均衡是怎么产生的，也不会像我们经济学家这样去计算均衡，但是可以培养相应的思维方式，就是把现实世界的存在想象为一种均衡的存在。这当然不是说存在的就是合理的，而是用均衡作为一种分析工具去思考现实世界。前面说过，经济学家也不是把均衡当作现实存在的，而是把它当作一种分析工具，以便刻画和思考现实世界。

价格在现实经济生活中扮演着重要角色，和我们每个人的生活息息相关，通胀固然不好，但价格下降也会伤害一些人。农产品的价格下降就属于后一类，即所谓"谷贱伤农"。"三农"问题经常困扰老百姓和决策者。国家基本上每10年就会有一个关于农村的大政策，以前是新农村建设，现在是乡村振兴，就是要发展乡村。绝大多数人，包括一些政府官员，一听到乡村振兴就马上想到大力发展农业。很多企业也响应政府号召，投入重金帮助乡村发展农业。但是，这样做可能不但不能帮农村居民致富，而且会伤害他们。农业是完全竞争的行业，我们还有好几千万农户，农户之间的竞争是完全竞争。在这种情况下，农产品价格就不可能起来，而更多的企业去参与农业生产只会进一步压低农产品价格。在一个国家的经济发展过程中，非常重要的一个现象就是农业份额的下降，其中一个原因就是农业是高度竞争的，农业的技术进步会压低农产品相对于其他产品的价格。

让我给大家讲一个现实中的例子。我老家在江西省新干县，那里产橘子，以前橘子比较贵，但现在橘子满地都是。我有一次回老家，我舅舅给我拿橘子吃，说是他自己种的。我说你在哪儿种的呀？我们那一带是小平原，没有多少土地。舅舅说他在山里租的地。我说你在那儿种橘子，不怕别人偷吗？他就笑，说谁爱吃就吃吧，反正没人能吃那么多。我说有人偷了去卖怎么办？他说还卖不出工钱呢，没有人偷。现在橘子便宜，有时还不到 1 元 1 斤[⊖]。农产品同质化程度高，农民之间的竞争因此基本上都是同质化竞争。所以，在均衡状态下，农产品价格就上不去，农业就不赚钱。

乡村振兴需要发展什么？还是得发展非农产业。新干县过去十几年发展得比较快，完全是因为发展了箱包和灯具这两大行业，农业只是维持，而不是发展的动力。对我们的官员还有企业来说，掌握一些经济学的原理，还是非常有帮助的。

推荐几本经济学读物

我虽然劝普通人学一点经济学，但我觉得普通人没有必要到课堂里去学习经济学。自己去读一些书，就会有很大用处。下面我就给大家介绍几本经济学的通俗读物。

《魔鬼经济学》

第一本书是芝加哥大学的史蒂芬·列维特与人合写的《魔鬼经济学》。列维特是因为一个偶然的机会写这本书的。当时，一个记者跟列维特说，你的研究很有趣（列维特主要研究犯罪

⊖　1 斤 =0.5 千克。

问题），应该写博客来推广一下。列维特是一个非常学术化的经济学家，所以一开始不太愿意写，那个记者建议他试一试，结果他开始写了之后就一发不可收拾。后来两个人合作，出版了这本《魔鬼经济学》。

列维特是做微观经济学研究的，芝加哥大学经济系有个传统课程，叫作"价格理论"，讲价格是如何形成的，如何用价格理论去研究现实的经济和社会问题。列维特说他的数学不怎么好，他虽然不是芝加哥大学毕业的，但他的经济学直觉很好，与芝加哥大学经济系的传统相吻合。

这种直觉很重要，用好了也非常有意思。我第一次见林毅夫老师，就感受到了芝加哥大学价格理论的魅力。那是1988年1月2日。他当时住在西直门内一个招待所里。那里其实离北京大学校园并不远，但是当时交通不便，我们三个人（我和两个同学）好像换了两次车最后才到。前一天还下过雪，路也不好走。当时林老师问我们一个问题，说如果你到新疆买西瓜，贩回北京来卖，你是买当地最好的西瓜，还是买次一等的西瓜？当时我们答不上来。

这个问题实质上就是芝加哥大学价格理论的一个经典问题。根据价格理论，应该买最好的西瓜。为什么？因为运费是固定的，好西瓜、坏西瓜称重是一样的，好西瓜在北京能卖到更高的价格，所以相对成本就下降了，利润率也就提高了。这是一个很简单的逻辑，可以解释普遍存在的现象，就是好东西都会卖到外地去。美国也一样，华盛顿州产苹果，但在华盛顿州吃不到最好的苹果，最好的苹果全卖到外地去了。列维特就用类的小故事把经济学的基本原理，给大家讲清楚。他的有些研究匪夷所思，但是很有意思。

有的演艺界明星的收入非常高，所以有些年轻人很想去当演员，但实际上在美国有不少演员会在餐馆里刷盘子。比如美国参演百老汇歌剧的演员的收入是很低的。我曾经读过费翔写的回忆录，说他当时在百老汇唱歌剧，收入不高，不得不去打工。把整个演艺圈的人的收入平均一下，就会发现，他们的平均收入跟普通人的没有太大差别。在篮球界也一样。比如，NBA 有 30 支球队，每队 15 人，一共 450 人，里面有年薪两三千万美元的，还有一大批年薪没过 100 万美元的。这 450 人已经是世界篮球水平最高的人了。到 NBA 发展联盟（NBDL），球员收入就很低了，不会超过 20 万美元。可这还是第二级，下面还有很多层级，最差的就是打街头篮球的，没有常规收入可言。

这讲的是给定每个人的能力，各个行业的平均工资在均衡状态下基本上是持平的。如果没有持平，比如，如果演员的平均收入过高，一定会有更多的人去当演员，然后就会把演员整体的平均收入水平给拉下来。

列维特在书中讲了很多这样的故事，他用经济学的逻辑去分析这些故事，大家去读一下，一方面会感觉很有意思，另一方面也能培养经济学的思维。

《薛兆丰经济学讲义》

第二本书是《薛兆丰经济学讲义》。这本书听起来像是一本严肃的经济学著作，但其实它是从我们日常观察到的事物出发讲经济学的基本原理，和列维特的取向刚好反过来。这本书开篇问道，战俘营里有市场吗？战俘营里也有市场，只要有人的地方就会发生交换。在战俘营里，物资非常紧缺，我有一个别人没有的东西，别人有的东西我没有，我们就会发生交换。事实上，监狱里也有市场，而且监狱里的市场很完备。每个人跟外面的联系不一样，能带进来的东西也不一样，于是就会出现交换。在新冠疫情期间，方便面在美国监狱里成了硬通货，谁有方便面，谁就拥有了"战略物资"。外面在抗疫，生活物资的供应变得紧张，方便面就值钱了。

薛兆丰具备用简单的语言把复杂的事情讲清楚的超强能力。他用简单的语言，结合生活中的实例把经济学的基本概念，如稀缺、成本、价格、交易、信息不对称和收入等，讲得清清楚楚，很自然地引导读者用经济学的思维方式去理解身边发生的事情。所以，这本书可以作为一本很好的经济学入门书。

《萧条经济学的回归》

第三本书是《萧条经济学的回归》，这是克鲁格曼写的。克鲁格曼在美国的经济学家里是老百姓知道得比较多的一位经济学家，因为他为《纽约时报》写专栏文章。他是自由派，而《纽约时报》是自由派的阵地，所以自由派比较喜欢他，但保守派都很讨厌他。他在20多年前写了这本书。前面推荐的两本书主要讲微观经济学、价格理论，而克鲁格曼的这本书讲宏观经济学，特别是货币。作为一个经济学家，我读下来也觉得非常有意思，很受启发。货币到底是什么东西，或者说，现在的中央银行、商业银行体系起什么作用？克鲁格曼用一个幼儿园的故事把这个问题讲透了。

在美国，幼儿园教师的工资是很低的，所以，有个新泽西州的幼儿园就要求家长必须每周帮忙一次。后来幼儿园发现这样行不通，因为总有家长没有时间，无法按时来帮忙。然后，幼儿园就想了一个办法，给家长发代金券，本周不能去帮忙的家长可以拿代金券去买别人的时间，这样就发生了交易。但是，幼儿园很快就发现，那些空闲比较多的人，手里会积攒很多的代金券，而没有空闲的人就没有代金券了。而且，越是这样，大家就越不敢花代金券了，大家又回到原来的状态。

克鲁格曼用这个例子告诉大家，货币起到交易媒介和价值储藏两种作用；如果货币的数量是固定的，因为总有人储藏货币，所以经济中流通的货币就会减少，就会出现通缩，钱变得越来越"值钱"，于是就会有更多的人储藏货币，经济就没办法运转下去。所以，正常情况下，央行要给经济补充货币；如果经济有增长，货币发行的速度还要赶上经济增长的速度。后者是货币主义的一个信条。

克鲁格曼通过这个生活中的例子，让读者对货币有了比较深入的了解。而且，他的文笔很好，书像他的专栏文章一样，很好读。2008 年金融危机之后，他又写了一本书，叫《萧条经济学的回归和 2008 年经济危机》。但我觉得这本书写得没有前一本书好。尽管《萧条经济学的回归》是 20 年前写的书，但是现在读起来还是相当好读。

《图说经济学》

如果大家想进阶了解一下经济学说史，我可以推荐一本叫作《图说经济学》的书。作者配上图，把经济学说史讲了一遍。比如，讲到亚当·斯密的时候，会配一些亚当·斯密的图，然后用比较通俗的语言把亚当·斯密的思想给大家讲一遍。读了这本书之后，基本就能把整个经济学的发展脉络了解清楚了。当然，只有对经济学说史感兴趣的读者，才需要读这本书。

《经济学原理》

如果想要进阶、更加细致地了解经济学，就可以读一本流行的经济学原理教科书。经济学原理类的教科书不用老师讲应该也是可以读懂的，但需要费点力气，因为这毕竟是学术读物了。曼昆的《经济学原理》就是一本不错的书。曼昆自己在哈佛大学一直讲这门课，而且他的课都是上千人来上的课，很多学生喜欢听。他的《经济学原理》，就是讲经济学最基本的概念和框架，不讲高深的东西，也没有什么数学，顶多就是画画图。一般有中学文化水平的人基本上都可以读懂。如果能把《经济学原理》读完，对经济学就会有一个基本的掌握——不能说可以做研究了，但基本上可以建立起一套体系。

如何写好经济学论文

THE MEANING OF
ECONOMICS

前面一章谈了为什么普通人也应该学习经济学，本章谈经济学者如何做好研究和写好经济学论文。我对这个问题的关注，可以追溯到 2011 年夏天北京大学出版社请我为其暑期学习班讲课的时候，那次我讲的题目就是"如何发表高质量经济学论文"。没想到录音整理稿在网上流传，直到今天还有人在读。之后我多次就这个题目做演讲，受到学生和年轻教师的欢迎。这一章的底子就是 2011 年的演讲稿。

我讲这个题目，一个重要原因是我长期担任《经济学（季刊）》的主编。2001 年杂志刚创刊的时候，我只是刚博士毕业五年的副教授，林毅夫老师敢让我做主编，需要很大的勇气。我在办这份杂志的过程中读了很多文章，从中得到一些经验性的东西。当然，我自己做研究二十几年时间，也有一些心得。另外，我对中国经济学过去二十几年的发展有许多体会（下一章还会专门谈）。这三方面结合起来，形成了我对在中国做经济学研究的一些看法。

我有意谈如何写好经济学论文，而不是如何做好经济学论文，是因为写论文更实在。论文写作有三部曲：选题、技巧和写作。一个好的选题是一篇论文成功的一半，但不是每一个好的选题都能做成。技巧就是经济学的训练，这种训练是经济学这门学科存在的一个重要表现。写作也很重要，因为经济学从本质上来讲还没有完全摆脱文学的性质。

好的选题是论文成功的一半

在国际金融领域，有蒙代尔不可能三角，说的是一个国家只能在独立的货币政策、资本自由流动和固定汇率三个目标中选择两个目标，即实现其中两个目标必然不能实现第三个目标。经济学研究也有不可能三角：好问题、合适的方法、别人没有做过。在这三者之中，我们总是发现，我们的研究只能满足两个条件。如果发现一个好问题且别人没有做过，那多半是因为没有合适的方法；如果发现一个好问题，而且有合适的方法，那多半又会发现别人已经做过了；最后，发现一个问题，别人没有做过，而且有方法去做，那一定是因为那个问题不是好问题。

做经济学研究，或者做任何研究，都是在这三者之间磨，找到平衡。但是，对经济学研究来说，找到好问题还是最重要的。这里的"好问题",一定是一个能够用经济学框架来处理的问题。一个经济学研究者和学经济学的学生之间的本质差别是,经济学研究者能够把现实问题抽象为一个经济学能够处理的问题。经济现象纷繁复杂,不像自然科学那样丁是丁,卯是卯。《规模》是一本很有意思的书,讲哺乳动物、城市和企业的大小有什么规律。作者杰弗里·韦斯特原先是一位理论物理学家,后来做了圣塔菲研究所的所长,转向研究复杂系统。他的第一个课题是和生物学家合作,把哺乳动物作为一个复杂系统来研究,但他发现,生物学问题远不如物理学问题那样清晰,定义问题就花了他们两年的时间。经济学的研究对象比哺乳动物更加杂乱无章。做一个好的经济学家的第一步是学会从现实中抽象出经济问题。我看到许多年轻经济学家都栽倒在这道坎下面,最后只停留在跟在别人后面做回归的层面。

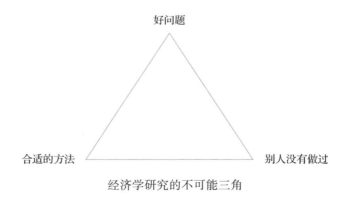

经济学研究的不可能三角

那么,什么样的选题是一个好的选题呢?我觉得在中国做经济学研究,还是应该以问题为导向。当然有些人会说我的志向就是要拿诺贝尔经济学奖，我就要做纯理论研究，但我感觉目前中国人做纯理论研究没有比较优势，而且，即使是做纯理论研究，也要有的放矢。

没有比较优势怎么说呢？林毅夫老师喜欢说，经济学的重镇以前在英国，后来随着美国经济的崛起，经济学的重镇也就转移到美国。但是，这个过程是非常漫长的。我们知道，美国在 GDP 总量上超过英国是在 1896 年，在人均 GDP 上超过英国是在 1914 年。那么经济学的重镇是什么时候转移到美国的呢？我们一般说是在 1947 年萨缪尔森的《经济分析基础》出版之后。此时距美国人均 GDP 超过英国，都过去了 30 多年。我们比较乐观地估计，2030 年中国的 GDP 总量超过美国，那按照美国替代英国的速度，从 2030 年开始要再等 50 年，大概经济学的重镇才能从美国转移到中国来。这么说来，中国要成为经济学的重镇，从现在算起还要等很长很长的时间。

另外，要知道美国大学里的经济系，是一个很强势的系，有很多人在天天研究如何进行理论创新。李稻葵说过，本来经济学用不着搞这么难，美国为什么把经济学搞得这么复杂？就是因为收入很高。劳动力市场上工资高了，就要提高门槛，怎么提高门槛呢？一个办法是提高智力要求。所以，在美国搞经济学研究的那些人智力都很高，极端聪明，比如克鲁格曼这种人就是极端聪明。而且，他们交流很多，互相促进。我们想和他们竞争，在纯理论上有所突破，我估计是很难的。

中国经济学家的比较优势还是在中国的实践，我们应该从中国的实践中提出一些好问题，做问题导向的研究。我做《经济学（季刊）》主编的时候发现，总是收到一些探讨纯理论问题的文章，但一看就落伍了。比如总是收到关于科斯定理的文章。科斯定理都被研究几十年了，还能发现新的东西吗？我觉得不太可能。所以这种文章，我一看就拒绝了。为什么不能研究中国现实中的一个问题，拿科斯定理或者科斯定理的延伸去解释？

中国在过去 100 多年发生了翻天覆地的变化，现在是世界上最大的发展中国家，世界第二大经济体，有很多有意思的东西值得研究。中国的很多东西都在变，不停地变。这实际上给我们提供了一个大实验场，应该有很好的素材可以挖掘。我想再重申一次，能够被后人记住的理论一定是对所处时代重大问题的回应。中国学者不要辜负中国这个伟大的时代。

什么是好的选题

什么样的选题是好的选题呢？好的选题需要满足两个标准，一是对中国有用，二是对经济学文献有所贡献。对中国有用的意思是或者能够指导今天中国的经济建设，或者能够让我们更好地理解中国发生过或正在发生的事情。但这还不够，好的选题还要对经济学文献有所贡献。经济学家研究中国，不能停留在描述或政策研究层面，否则就无法对经济学的进步做出贡献。

日本的学术研究就有这个问题。日本经济如此成功，按理说应该出现有影响力的经济学家，但实际上很少，其中一个原因是日本人做研究不爱发展理论。中国的学术在清代搞文字狱之后退缩到以考据为主，后面又受日本影响，因此也失去了理论追求。我们现在有些人总是怀念所谓的"民国大师"，其实这些"大师"只是学问家，很少有理论家。

具体而言，好的选题有下面几种。

第一种是新的理论构想。我刚才说过，做纯理论研究不是很容易，而且还要遵循问题导向的原则。一定是在现实中发现了一个现象，但现有的理论解释不了，才去发展一个新的理论。我做主编，最忌讳看到改动已有理论模型的文章——把模型的假设改一改，推导得非常复杂，最后推导出一个没有多大意义的结论。写过理论模型的人知道，一个理论模型都是磨了又磨，为了得出需要的结论，假设已经简单得不能再简单了，再改就无法得到想要的结论。写理论模型的时候一定是倒着走的。什么意思呢？就是你已经知道你所要的结论，然后你构造一些假设和一个机制来得到这个结论。两者需要相互磨合一段时间，但机制是主要的，确定机制之后再看需要哪些假设。显然，你不会用多余的假设，所以，别人发表的文章中的理论模型所做的假设都已经是最简单的了，改动之后就会出错。我们还是要从现实中发现有意义的题目，而不是纯粹地去改别人的理论模型。

做问题导向的理论研究，就是要发现现实中还没有被解释的现象或一组特征，然后抽象出理论来。21 世纪注定是中国崛起的世纪，中国经济成功是过去 40 多年世界范围内最显著的经济事件。中国经济为什么成功？这个问题当然很大，但不管你是研究哪一个领域，你在你那个领域里都可以问这个问题。国际上有许多关于经济增长和经济赶超的理论，但多数理论无法解释中国经济的成功。比如现在国际经济学界最火的经济学家阿西莫格鲁等人提出包容性制度和攫取型制度来解释国家的增长和停滞，按照他们的分类，中国属于攫取型制度，可这显然无法解释中国经济的高速赶超。我们中国学者需要从正面构建解释中国经济成功的理论，特别是政治经济学理论。

第二种是解释一个谜或者意外。"谜"就是逻辑上无法找到答案的现象。比如前面提到过的李约瑟之谜。其实中国这样的谜很多。比如，有的地方法治环境比较差，法院判决了也不执行，那为什么企业还要签合同？而且，法治环境比较差，但经济表现并不那么差，这里面到底是什么东西在起作用？再比如，通常认为腐败不利于经济增长，而且有很多的理论和经验研究也都证明腐败不利于经济增长，但中国在中央加大反腐力度之前的一段时间里腐败比较突出，为什么这样的腐败没有阻碍中国的经济增长？有人干脆用腐败来解释中国的增长，但这很牵强——腐败在其他国家阻碍经济增长，却偏偏在中国促进经济增长？我觉得要找到"尽管中国存在腐败，但仍然能够刺激官员发展经济"的因素，其中对官员的正向选拔是一个重要因素。官员把本地经济搞上去了，就可能获得提拔，所以，尽管某些官员收受贿赂，但他们也想升迁，所以就会去发展经济。

"意外"是和现有理论预测相左的经验事实。理论上随着价格上升需求会减少，但如果你发现价格上升需求也上升的事实，你就需要给出不同的解释。还有，国际经济学理论认为，名义汇率形成机制（采取固定汇率或浮动汇率）不会对实体经济产生影响，因为国内物价水平会发生相应变化，对冲掉名义汇率的影响，那为什么成功实现追赶的国家（如德国和日本）在追赶时期都采取了固定汇率？

对一个谜或者一个意外给出解释，这样的选题才能吸引审稿人的眼神。这样文章就成功了一半，因为你发现了一个好的问题，又给出了一个解释。科斯研究所每年会办一个新制度经济学的研修班，所长李·班南（Lee Benham）对班里的年轻人的要求就是：第一要有一个"哇！"——就是提出一个令人惊喜的问题，第二要有一个"噢！"——就是给出一个看起来令人信服的解释。他的"哇！"和"噢！"非常形象地描述了好的选题的特征。

第三种是用数据来检验现有的理论。有很多理论，前人没有检验过。最近20年兴起的产业组织的经验研究（Empirical IO）就是一个例子。以前产业组织领域的成果基本上都是理论模型，但现在理论模型建得差不多了，而且数据也多了，大家就开始做检验。在这里，新的数据很重要。以前国内的微观数据库极少，通常可用的就两个，社科院的中国居民家庭收入调查（CHIPs）

数据库和美国北卡罗来纳大学中国研究中心主持的中国健康与营养调查（CHNS）数据库。自 2010 年起，北京大学开始建两个大型微观数据库，一个是中国养老与健康调查（CHARLS）数据库，另一个是中国家庭追踪调查（CFPS）数据库。我是 CFPS 的发起人之一，很高兴看到这个数据库为学术界提供了优质的数据服务。

我的许多博士生都自己收集数据做博士论文，其中张牧扬和游五岳是最典型的。牧扬收集了 25 个省地级市级别的官员数据，研究官员晋升问题；五岳把北京大学图书馆的县志电子化，研究共和国史和党史。他们收集的数据为他们构建了一座学术堡垒，别人在一段时间内攻不破，成为他们工作之后的宝藏。牧扬毕业之后回到上海，在上海财经大学任教，已经是（常任职）副教授了；五岳一开始回到母校中央财经大学任教，因为研究做得好，后来转到中国人民大学任教。

第四种是应用微观计量学，就是用微观经济学理论解释现象，并用数据进行证明。这是现在中国经济学者做得最多的研究。一个简单的例子是，新型农村合作医疗（简称新农合）是否降低了农村居民信教的概率。我们知道，人们信教往往是因为生活存在不确定性。有一段时间，中国农村信教的人增多，一个可能的原因是不确定性增加了，特别是在改革开放的头 20 年里，农村的医疗体系近乎瓦解，农村居民受到疾病风险的困扰。那么，新农合实施之后，信教的人应该减少。我做《经济学（季刊）》主编的时候就收到一篇这方面的文章，是中国人民大学的郑风田等三位老师写的。其实他们用的数据不是特别好，是河南省开封地区的局部数据，样本里只有几百个农户，但看到这篇文章的时候，我眼前一亮，因为这是一个很好的问题，也是一个比较显著的问题，所以我还是愿意给他们发表。问题比数据和方法更重要。

当然，做这样的研究最好还是要有一个理论模型，给出几个预测来，这样不仅理论基础更扎实，而且也让计量结果更容易得到解释，有时还会有一些最初没有想到的结果。

我和合作者从 2006 年起做中国农村选举的研究，做了 15 年，终于有一篇文章被国际上最好的经济学期刊《美国经济评论》（*American Economic Review*，*AER*）接受。我们当时选这个课题，就觉得可以冲击顶级期刊，因为这个课题太重大了，不可能被学界忽视。我们的文章最终能够被接受，和我们的选题关系很大。我们研究的问题，一是为什么在村庄一级要搞选举？二是选举是否增强了村干部为村民办事的积极性？三是随着时间的推移和国家行政能力的增强，基层选举的作用是否会弱化？

国内外的顶级期刊都非常重视选题。好的选题是成功的一半，这是千真万确的。

不好的选题

第一种是修改别人模型假设的选题，这种一定要杜绝。我一看到这种稿件就会觉得作者纯粹是在浪费时间和精力，因为解这样的模型通常很累，而且最后极有可能会发现是错的。后面我要说到，理论模型里的假设、机制和结论是经过无数次推敲的，没有一个假设是多余的，修改任何一个假设都不可能得到文章的结论，而且，很可能让模型崩溃。

第二种是生搬硬套别人的理论模型，没有把经验事实搞清楚。我们要先把经验事实搞清楚，然后再用已有的或新的理论去解释经验事实。做研究，就必须研究出自己的东西。比如，阿夫纳·格雷夫在研究马格里布犹太商人的合同执行问题时，他搜集了很多中世纪的合同，真正做了一些历史研究，然后去构建自己的理论，而不是生搬硬套现有的理论。中国经济学里离世界前沿最远的是宏观经济学，原因是中国的货币和财政政策的制定过程非常复杂，而且还存在一些制度性的影响，不好用标准的宏观经济学模型来套。但我们的宏观经济学者往往会把现成的新古典或新凯恩斯模型移植到中国，这当然不可能准确描述中国发生的事情，也无法形成自己的理论体系。

第三种是"稻草理论"。19 世纪和 20 世纪交汇的时候，欧洲一份杂志对欧洲的知名知识分子做了一项调查，问他们在过去 1000 年什么样的发明对人类的进步起到了关键性的作用。有一个人给出的答案是马料。为什么是马料呢？他说如果没有马料，欧洲文明人就养不了马，养不了马就没有办法去打仗，于是欧洲文明就不可能从罗马帝国传播到欧洲的其他地方，那么也就没有现在的欧洲文明了，所以，没有马料就没有今天的欧

第七章 如何写好经济学论文 ▶ 189

洲。他说得有没有道理呢？道理是有一点儿，但是马料真的很重要吗？当然不是。这样的理论就可以说是稻草理论，即逻辑很正确但机制并不重要的理论。

现在国内外经济学界有很多的稻草理论文章，理论和计量检验都像模像样，但所研究的问题却不重要，属于用炮弹打蚊子的类型。在计量研究领域，有"星星大战"的说法，就是数回归系数上面能标的星号，星号越多说明系数在统计上越显著，但没有多少人关心这些系数的经济显著性。试想，如果样本里的人的平均教育水平是 9 年，如果一项政策只增加 0.15 年的教育，这有什么意义呢？

第四种是研究决定因素，例如工资是由什么决定的。这种文章最好别做。你在回归方程里放 10 个变量，我可以说你的变量不够多，你应该放 20 个；你放 20 个，可能还不够，你得放 100 个。任何东西都是由很多因素决定的，你能把所有的因素都穷尽吗？国内做计量研究有一种方法，就是做计量实验，刚开始时放 20 个变量，后来发现有些因素不显著，就把它们去掉。然后重新做回归，发现又有一些不显著的，又去掉，最后留下总是显著的因素。但这不是做经济学研究，而是做统计研究。记住，经济学一定是研究一个机制，控制其他变量把一个机制说清楚就可以了。比如，你可以问工会对工资有没有影响，你只要把这个因素搞清楚就可以了，而不是说非要去研究工资由哪些因素决定。

第五种是重复做别人的研究选题却没有多少新意，既没有新数据，也没有新方法。比如，有一段时间《经济学（季刊）》收到很多用省级数据做环境库兹涅茨曲线分析的文章，也收到很多用省级数据做生产率分析的文章，基本全都被拒绝了。即使是有新数据或新方法，也要避免去重复做别人的选题。做这样的选题可能容易发表（毕竟，国际上有人对中国感兴趣），但对于我们理解中国和经济学的进步没有多少贡献，那就最好别做。在国外，许多经济学家是把研究作为养家糊口的职业，中国经济学家不要学他们，而是要把经济学研究作为韦伯所说的"志业"，就是倾注自己抱负的工作，否则我们对不起我们正在经历的伟大时代。所谓伟大时代，就是剧烈变动的时代，有许多事情值得去研究，也值得我们付出一生去参与。"志业"就是使自己能够参与到一个伟大进程当中去的工作。

理论研究

如何做理论研究？刚入门的博士生会说，做理论研究，就是写出一个模型，模型推导出什么结果就是什么结果。这是没有把经济学搞懂的表现。我曾经听一个朋友讲过一个关于在美国的中国留学生找工作的故事。我的朋友在一所大学工作，招人的时候面试一个中国留学生。这个留学生做了一个复杂的模型，然后也做了经验研究，但模型的结论和经验研究的结论刚好相反。我的朋友问他如何解释，他说："我的模型拒绝了我的经验检验。"我的朋友在心里说："那我们拒绝你。"

　　做经济学理论研究，一定要有一个符合直觉的故事，先把故事用自然语言表述出来。如果故事没有办法用自然语言表述出来，那肯定是故事在什么地方出现问题了。做理论研究一定是倒着走，一定是已经知道你要的结论，然后去编一个故事。千万不能先写假设，然后确定一个模型，推导出什么结论就接受什么结论。哪怕是数学家也不是这么做的。

　　试想一下，阿罗当年在写阿罗不可能定理的时候，他难道事先没有把结论想好吗？难道他是从他的四个假设出发最后推导出他的不可能结论吗？肯定不是这样的。他肯定是先有个直觉，告诉他集体决策不可能达到个体理性，然后再回过头来，找最小的假设的集合。结果发现，他必须有四个假设才能推出直觉告诉他的结论。其实，四个假设中有一些假设很难符合事实。比如其中有一个两两无关原则，即集体决策参与者对两个选项的排序不受其中任何一个与第三个选项之间排序的影响。现实可能不符合这个原则。

　　我 1991 年刚到美国的时候，美国刚好开始大选。总统有三个候选人，老布什、克林顿和罗斯·佩罗（Ross Perot）。根据两两无关原则，意味着老布什和克林顿两个人的排序不受老布什与佩罗排序的影响，也不受克林顿和佩罗排序的影响。想象一个人，他的排序是佩罗好于老布什，老布什好于克林顿。但他知道佩罗很难当选，因为怕克林顿当选，他把票投给了第二好的老布什。这样，老布什和佩罗之间的排序就受到佩罗和克林顿之间排序的影响。

实际上，两两无关原则排除了策略性投票，但后者在现实中经常存在，特别是当决策者人数比较少的时候。所以说，阿罗不可能定理是高度抽象的理论，只是现实的一面镜子，让我们看清现实中的集体决策是如何发生的。

其实数学家也是倒着想问题的。数学里有很多猜想，比如哥德巴赫猜想，是先有这样的猜想，然后数学家才去证明的。我以前不知道这个道理，跟我的第一个导师做研究的时候，理论模型老写不出来。后来我碰到一个学数学的同学，我就问他我想得出一个结论，怎么能得出来呢？这位学数学的同学的一句话，使我茅塞顿开。他说，在数学上你想要什么样的结论都能得到，关键看你的假设是什么。数学有严格的公理，你不能超出这些公理去做假设，所以做数学很难。经济学稍好一点儿，经济现象太复杂了，你可以做一些临时的假设。但是你一定是先有结论，把故事讲圆了，而且故事要讲得精巧。然后你要找到适当的经济学模型，再去"磨"你的假设，最后用严谨的数学语言把故事表达出来。

这里有两个关键词。第一个是适当的经济学模型，就是要尽量使用现有的经济学模型，模型还要比较精巧。什么叫适当的经济学模型呢？做制度经济学或新政治经济学研究的人，应该知道最近一些年很火的达龙·阿西莫格鲁，他就特别强调用经济学模型研究制度问题。他有一篇文章《西方为什么扩大选举权》（*Why Did the West Extend the Franchise?*）。西方的民主化过程并不是短期内完成的，英国大概花了 220 年的时间，一直到 1919 年妇女才拥有跟男人同等的选举权。阿西莫格鲁的故事是，一开始富人掌权，穷人就要跟富人斗争，争取权力。我们完全可以用马克思的阶级斗争来解释这段历史，但是，从现代经济学的眼光来看，这不是一个经济学的理论。所以，阿西莫格鲁编了一个更复杂的故事，承诺（commitment）的故事。当穷人向富人要权力的时候，富人可以用福利收买穷人，然后自己仍然掌握决定权。但是，一旦穷人相信了，不造反，富人就很可能反悔。这里就有一个可信承诺问题。怎么兑现这个承诺呢？在一定条件下，富人会把决定权给穷人，让穷人自己决定分多少福利，这就是民主化。虽然我觉得这个所谓的可信承诺模型根本没有必要，马克思的阶级斗争理论完全可以（而且也能更好地）解释欧洲的民主化，但是如托马斯·库恩所说的，任何学科都有自己的学科范式，而经济学的范式就是要用经济学的理论解释世界。

第二个关键词是数学语言。大家可能会问这样一个问题，既然可以用自然语言把故事表述出来，那为何还要用数学模型来表达呢？我觉得原因之一是自然语言有漏洞，在逻辑上没办法做到滴水不漏。汉语尤其如此，汉语适合写诗，不适合写科学论文，因为汉语没有严谨的语法。英语好一些，你要是不讲语法别人就听不明白。据说法语更严谨，国际上的法律文书必须用法语写。但是，再严谨的自然语言也存在漏洞。有时候你听一个人用自然语言讲得天花乱坠，但是真要写成模型，就会发现他有很多假设、很多漏洞。经济学模型的作用，主要是检验理论的逻辑。但模型也可以帮我们发现新的东西，我自己就常有这样的经历。

那么，是不是模型就一定是真理呢？不是的。特别是在做应用型研究的时候，不要把模型当作真理。模型只不过是替代自然语言的描述方式。我常和学生说，数学是另外一种语言。数学家可以用很简单的英语或法语写数学论文，大家都能看懂，不需要多少文字。数学是一套严谨的语言。经济学还是以解释为主，而不是去做预测，我们只不过是在讲一个故事，就像历史学家在讲故事一样。我们描述短期的历史，历史学家描述长期的历史。不同的是，经济学家用数据和模型来讲，而历史学家用自然语言来讲，所以经济学更为严谨。

正因为是讲故事，写模型的时候才需要把机制写出来，最好做到每个式子都有经济学的含义，和要讲述的机制吻合。不能只写数学计算步骤，像实验报告似的。经济学写作还有浓重的文学色彩，写得不好，匿名审稿人读起来就累，然后就可能把你的文章毙掉。

怎么知道一个理论模型是好是坏呢

第一，要看假设是不是合理。我刚才说了，经济学家可以卖一点狗皮膏药，做一些假设，但是假设如果太生硬，特别是对于理论研究，模型马上就会被毙掉。靠假设得到结论，模型就短路了。你做了一个假设，然后进行一大堆复杂的推导，结果发现只是这个假设在起作用，这就是短路。这种模型肯定是不行的。

第二，要看模型是否得当。逻辑是否清晰很重要。有些模型写得很复杂，逻辑不清晰、不精巧，这样的模型不是好模型。当然，模型也不能像大白话一样没有内容。阿西莫格鲁用可信承诺模型解释西方的民主化，至少从模型的角度看是很精巧的。

第三，看是否能得到一般化的结论。这对于中国研究更为重要。我们做中国研究，不能做成国别研究，而是要对一般经济学有所贡献。因此，看文献还是重要的。不看文献，就不知道自己的贡献何在，也无法把自己的研究升华到一般经济学理论的高度。

第四，看结论是否符合直觉。如果结论不符合直觉，模型就可能有问题，要么是假设错了，要么是逻辑有问题。

第五，要看结论是否能经得起数据的检验。当然，这个要求有点高。其实，很多经济学模型就是表达一个想法（idea），一个思想，不一定非得用数据去检验。而且，往往是用这套数据检验不成立，用另外一套数据检验就成立了。数据很多，世界是多样化的。

经验研究

第一，做经验研究，好的数据是第一要务。我前面说的几个数据库都是公开的数据库。省级的数据，现在基本上都被大家用滥了，除非有好的想法，否则我建议大家少用省级数据。花一点时间收集县级数据、市级数据，会有很大帮助。我前面提到的我的两个博士生就是很好的例子。做研究一定要自己花点儿功夫和时间，这样才能研究出一些出人意料的东西。

第二，经验研究也要讲一个故事。许多初学者拿到数据就扔到回归模型里，出来什么结果就是什么结果，这和垃圾进、垃圾出没有什么差别。做回归之前，要把数据仔细看一遍，做许多表格，画许多图，然后总结出一些规律性的东西。一定要有故事，最好有理论模型。这里建理论模型不是要构建一个理论，而是提出一个分析框架，得到一些结构性的结论，指导回归方程的设定，并且确定哪些变量是解释变量，哪些变量是控制变量。做理论研究是用模型讲故事，做经验研究是用回归讲故事。

第三，要从多个方面验证自己的结论。好多人做经验研究，两个回归就解决问题，然后就得出结论。做回归的时候，我们往往是检验一个理论预测，但是，数据支持理论不一定就是说理论是对的，因为你无法排除其他理论也能得到你观察到的数据，也就是说，可能存在其他解释。所以，做经验研究的时候你要不停地问自己，是不是存在其他可以解释你的经验发现的理论。你可能还要检测一下反面的结论。理论模型给出的往往是正面的结论，即"如果……，则……"这样的结论，你可以做安慰剂检验，即检验"如果……，则不……"的结论。比如，村庄选举可以提高村干部为村庄办事的积极性，这是正面的结论，但是它没法解决小孩上中学的问题，因为中学是乡镇或县里办的。所以，你可以用数据证明村干部确实为村民多修了桥、增加了灌溉设施，然后再做一个回归，看是否对孩子上中学有帮助。没有帮助是最好的，如果有帮助，那估计你的主要结论可能是存在问题的。

第四，做经验研究一定要注意内生性问题。现在要求越来越高，国内也是这样，如果不能解决内生性问题，要在好的杂志上发表是很困难的。产生内生性有几个原因。一个是伪相关，即两个变量之间完全因偶然因素所致而表现出相关关系。一个经典的例子就是街上流行红裙子股票就涨，其实这两个现象之间在本质上毫无关系。时间趋势会造成伪相关，特别是用省级或国别数据的时候，所以，这种研究要少做。另一个是遗漏变量。遗漏变量就是有些变量没有被控制，且其与解释变量和被解释变量都相关。最简单的情况就是在不控制收入的情况下，需求可能是价格的增函数，而控制了收入以后就会发现需求是价格的减函数。再就是反向因果关系。比如，从理论上讲，农户之间土地租赁合同约定的时间越长的话，租户对土地的投资就越多，因为使用权的稳定性对投资有正面影响。但是，如果用数据去检验，就会出问题。假如我是一个租户，我为什么要麻烦地签一份长期合同呢？有可能是因为我就是想在土地上进行长期投资，所以才找到土地所有者签一份长期合同，以此来保证我的权益。这样的话，如果拿长期合同作为一个投资的解释变量就错了，因为实际上是我想要做长期投资，我才签一份长期合同。我们做经验研究的时候，要把问题想透。最后还有联立方程偏差。两个变量可能都是系统内生的，应该用联立方程的形式研究它们之间的相互作用，如果只用一个方程做回归，就会出现问题。

在很多情况下，产生内生性问题的根源是没有把问题的机制想清楚。克服内生性的最好办法是写出一个理论模型，这样你就可以清楚地知道，哪个是外生变量，哪个是内生变量，而且，你还可以写出结构估计式，逻辑更为严密。我们杂志收到的一些文章，作者似乎是随意地把一个变量作为因变量，把另一些变量作为自变量，然后就开始做回归。有时候真为作者惋惜，他们花了很多工夫收集整理数据、做回归，但文章写出来却没有多少意义。关键还是没有把作用机制想清楚。

总之，做经验研究的时候，要想象有一个审稿人坐在你对面，问各种各样的问题，然后你应该想方设法地用你的计量结果来回答他。如果审稿人这样问，我有没有一个办法可以解决他的这个问题？不要做鸵鸟，认为细微的地方审稿人看不出来。审稿人就是看这些具体的地方，如果他是一个有经验的研究者，他就看你有可能忽略掉的问题，然后把你的文章毙掉，这样他就不用等你的文章改好之后再花时间读了。

写　作

最后我讲一下写作。我刚回国的时候，林老师跟我说他1987 年回国的时候，没人跟他讨论，因为那时大家对写想在国际期刊上发表的文章闻所未闻，所以他写文章的时候（包括写在《美国经济评论》上发表的那篇文章的时候）会找一篇范文，像写八股文一样照葫芦画瓢。经济学写作是有套路的，确实有些"八股"在里头。有几个关键点我可以说一下。

第一，要说清楚文章在文献中的定位，开篇就要说。我刚才提到的李·班南，他要求年轻人在文章摘要的头 20 个字里把文章的主要思想说出来。写摘要如此，写文章也如此，一定要开门见山，把想要研究的和想表达的写清楚，不要啰唆。前言很重要，审稿人一般都先读文章前言，然后看结论，如果他觉得没意思，就给你毙掉了。所以，一定要在前言里面写清楚文章在文献中的定位是什么，贡献在哪里。

第二，要在前言里把自己的故事说清楚。国内很多人都不写，遇到不耐烦的审稿人，他就会把你的文章毙掉。一定要记得在前言里面把故事讲一遍。如果你做计量研究，就要把方法大体上说一遍，把结论说一遍。有些人会觉得这样做就会重复，但重复也不要紧，前言实际上是文章的综述。

第三，条理要清晰。文章不是只写给自己看的。特别是理论文章，你的行文一跳跃别人就读不明白了。哪怕有的内容以后要删除，第一稿也需要一步一步写出来，以后再根据编辑的指示放在文章附录或线上附录里。文章是写给读者看的，你要想象读者可能不懂你写的东西。如果你研究的是很高深的东西，但你写出来的文章连其他领域的人都能读懂，那你就了不起了。

第四，要直面自己的假设和数据的局限。审理论文章的时候，审稿人会比较仔细地推敲你的文章的假设，所以你对自己的每一个假设都要认真辩护，告诉读者为什么要做这个假设，它有哪些局限，对你的结论可能有什么影响，等等。做经验研究的时候，你要说清楚数据的来源，如果数据是自己收集的，你更要把数据来源和局限告诉读者。我发现许多博士生总是不说明数据的来源和取舍原则，这怎么能证明你的数据的可靠性呢？

第五，要尊重规范，文字要符合语法。这是最基本的要求，但是我们中有很多人都达不到。汉语的语法本身就是很松散的，而有些人又把句子写得非常长，主语不知道在哪儿。要精练，要用短句子。我带博士生，要求他们用英文写作，因为我们写不了复杂的英文，这样可以锻炼学生用精练的语言进行写作。用简洁的语言、短小的篇幅表达复杂的思想，其实是不容易的。我给本科生上课，要求学生写1500字的短文，讲清楚一个主题，同学们都觉得有用。最后，标点符号要正确，什么时候用逗号，什么时候用句号，要认真斟酌。我常常读到这样的句子："因为……。所以，……。"读到一半就已经被"所以"前面的那个句号噎得背过气去了。标点符号不仅关系到文章流畅与否，而且是文章逻辑的一部分。

引用也一样，要符合规范。出现在文章中的文献一定要在参考文献中出现，反之亦然。引文和参考文献的体例要符合刊物的要求。我编辑《经济学（季刊）》，最头疼的事情之一是一些作者到最后都不把体例弄好。这是个态度问题，而态度有可能决定你的成败，我看到一些审稿人在审稿报告里就把文章写得不规范作为拒稿的理由。图表也是一样的，要按照刊物的标准制作。不要用彩色，因为我们现在还没有办法印制彩色的图表。这样一点一滴地说起来，让人感觉似乎写论文很累，但如果你一开始就注意了，你就不会觉得累，反倒是写的时候乱七八糟，回过头来再改才会觉得累。

第六，请记住：在文章送出去之前至少认真读两遍！如果你自己都不愿意读你自己的文章，你还能指望别人读吗？千万不要有打字错误。有很多人，写完之后看都不看就发出去了，结果摘要里就有错别字。现在都是在电脑上打字，很容易出现错别字。

以上是一些经验之谈。记得有人说过，传授科学研究方法的过程仍然是师父带徒弟的过程。这有道理。我们国发院的老师都有自己的 workshop，翻译成中文就是"工作坊"，就是老师和同学讨论自己研究的半成品的地方，名字很贴切。它和 seminar 不一样，seminar 是"讲座"，是听成熟的论文的地方，比 workshop 要正式。我在这里讲了经济学研究方法，但年轻人要学会做研究，还是得自己上手做，边干边学是让人长进最快的方法。

第八章

中国经济学的过去、现在和未来

西方经济学在改革开放之后才真正传入中国。关注中国经济问题的人，自然会有兴趣了解中国经济学的发展历程，他们会问中国经济学已经做了什么，正在做什么，以及还有什么是可以做的。那么，这一章我们就来聊一聊中国经济学的过去、现在和未来。

中国经济学的发展历程

20 世纪 80 年代

在改革开放之前，我们搞的是计划经济，所以当时的经济学研究主要围绕计划经济展开。但我们的计划经济搞得没有苏联彻底，因而计划经济学研究也没有取得苏联所取得的成就。苏联人研究计划经济学，产生了康托罗维奇这样能够获得诺贝尔经济学奖的人。那个时候，中国经济学的主流是研究马克思主义政治经济学。马克思主义政治经济学主要是分析资本主义，而不是社会主义。关于未来的社会主义、共产主义，马克思其实讲得很少，他自己有一种知识分子的警觉——不要过多地预测未来。当然，马克思有自己的一套科学社会主义理论，但这也是在对资本主义的分析基础上做的一个外延推演。但是，怎么去搞社会主义，怎么去搞共产主义，马克思说得很少。所以，在计划经济时代，我们研究的实际上都是新的东西：一方面是为经济计划的制订做一些研究工作，另一方面要建立起中国的社会主义政治经济学。集大成者应该是蒋学模的《政治经济学》，我们那时候学习就用这本书做教材。这本教材出了14版，总计印刷近2000万册，在教科书领域是一个纪录。

改革开放引进市场经济，那就需要一个和市场经济相匹配的经济学。从20世纪80年代开始，我们就开始引进这样的经济学。我听周其仁老师讲过，他当时在中国人民大学读书，专门跑到北京大学来听陈岱孙、胡代光、张培刚、厉以宁这些老先生讲课。他们办的西方经济学讲习班在办公楼礼堂讲课，这个礼堂可以坐800人，每次都挤得满满当当。陈岱孙和张培刚两位都是留学归来的，他们重新来讲西方经济学；胡代光和厉以宁长期研究西方经济学，但在1978年以前属于小众。四位先生开讲西方经济学，使得西方经济学在中国普及起来。

我在北京大学管理科学中心读硕士的时候，因为厉老师的要求，我们的课程还是相当严谨的，基本上把中级微观经济学和中级宏观经济学都学了。而且，在中级微观经济学部分，我们还学得超前一些，掌握了微观经济学的数理方法。这要感谢当时上课的秦宛顺老师。秦老师和他夫人以前都是数学系的老师，夫妻俩从数学系转到经济系，和厉以宁老师一起来开设西方经济学的课程。后来秦宛顺老师和厉以宁老师还合作出版了西方经济学的教科书《现代西方经济学概论》。秦老师给我们讲了很多优化问题。他是河南人，讲到有约束的最优化问题时，说到海塞矩阵需要增加一阶导数构成的边，他用河南话重复着"海塞加边"，让我印象很深刻。这个确实有用，我后来到美国学高级课程，感觉还是比较轻松的。

整个 20 世纪 80 年代，我们只学会了西方经济学分析问题的方法，还远远谈不上应用这些方法去做严谨的研究。也就是说，我们主要还是用西方经济学的分析思路来研究中国的问题。

在这方面，我们就必须提到当年的发展组。发展组就在北京大学招待所里面办公。发展组能够成立，两个人起到了重要作用，一个是邓力群，另一个是杜润生。邓力群的儿子邓英淘是北京大学经济学系的学生，参与了当时年轻人之间自发的讨论。他回去把这些讨论告诉了父亲邓力群，邓力群认为，这些年轻人是好苗子，不能让他们走歪了，得把他们组织起来。然后这个工作就落到了国务院农村发展研究中心（在党内挂农村政策研究室的牌子），就是著名的九号院。主任是杜润生先生，他从另外一个渠道也读到了那批年轻人写的东西。杜老先生把这些年轻人凝聚在一起，成了这些年轻人的精神领袖。我们今天能记住的一些大名鼎鼎的人物，除了邓英淘英年早逝之外，周其仁老师、宋国青老师，还有王岐山、陈锡文、杜鹰、王小强等，他们早期都参加了发展组。发展组的成员主要是北京大学和中国人民大学的年轻学生。后来，在发展组的基础上建立了体制改革研究所（简称体改所）和农村发展所（简称发展所）。体改所研究体制改革问题，发展所研究农村问题。

我在讲 CCER 的历史时，一定要讲我们 CCER 的根，就是发展所和体改所。林毅夫老师从美国回来之后当了发展所的副所长，周其仁老师是发展所的精神领袖，黄益平老师、沈明高老师也都在发展所工作过，我自己是在发展所写的硕士论文。王岐山是发展所第一任所长，后来陈锡文接替王岐山，他们俩都是很好的管理者。还有杜鹰，他后来也当了发展所的副所长。我们国发院 2021 年搬到承泽园来，陈锡文和杜鹰都出席了开园庆典。在体改所那边，有张维迎和宋国青两位老师。这两个所后来都被其他单位吸收了，在 CCER 这里，保存了一个火种。这是国发院能够扎根中国做问题导向研究的一个重要历史渊源。

在我的记忆中，20 世纪 80 年代是火红的年代。一个很重要的原因，是那时候很多东西都是新的。经济学也是全新的内容，搞市场经济总得有新的分析方法。当时经济学界的主导力量主要是体改所、发展所，还有中国社科院的经济所，以及陈元发起的北京市青年经济研究会。我们今天能想到的响当当的人物，在当时都是学者。

那么，20 世纪 80 年代的经济学研究有什么特点呢？简单来说，第一个特点就是接地气。那时候的风气是做深入调查，有了问题就去调查，回来后写调查报告。因为我关注发展经济学，尤其是农村问题，所以当时读周其仁老师等人的文章就多一些。当时读他们写的调查报告，可以说是心潮澎湃，他们总是一点一滴地去分析，能够了解中国真正发生了什么事情。

第二个特点是直接参与改革。当时的研究成果能够直接到达政策层面。我们前面谈到过双轨制价格改革，作为莫干山会议的成果被中央文件直接采纳。大家可以去读周其仁老师的回忆文章，能够更详细地了解当时的情况。

虽然在计划经济时代一些经济学家也会直接参与政策制定，但那时候只有很高层次的，像孙冶方、马洪这样的老资格的经济学家才可以参与。但是，到了 20 世纪 80 年代，不再论资排辈，年轻人开始参与了。这当然和我们搞市场经济有关系，需要有和市场经济相适应的经济学。

老一辈的经济学家当中，转型最好的是吴敬琏老师。他是1930 年生人，改革开放时已经近 50 岁了，但是老先生还出国去做访问学者，英语不行就学英语，回来后就转变了，成为我们国家市场经济改革当中非常重要的一个人物。他有个绰号，就叫"吴市场"，因为他主张市场化改革。我读了老先生早期写的一些文章，哪怕是 20 世纪 70 年代末、80 年代初的文章，写得都相当好。厉以宁老师的转型也很成功。早期因不能教书，他就去做图书管理员，当时有很多的机会读外国文献，于是他自学了很多西方经济学的知识。两位老先生都是特别值得尊重的知识分子。他们两个人，一个叫"吴市场"，一个叫"厉股份"，改革思路不同，好像总是在争论，但是棋逢对手、惺惺相惜，他们的争论是最高层次的那种争论。我觉得老一辈当中有这么两个人，也是我们这些当时的年轻学者和学生的幸运。

第三个特点是和年轻学生结合特别紧密。体改所有北京大学、中国人民大学、南开大学三所大学研究生的讲习班，大家自己报名，报了名就可以去。我当时就报名了，好像也没人审查，直接列上名单，然后我就可以去参加活动。这个讲习班有不定期的讲座，主要是体改所和发展所的人来给我们讲。我记得有一次是王小强来讲，在中国人民大学。王小强可以说是风流倜傥，穿着一身工人的衣服，就这么进来了，跟我们讲农村改革。那么大的教室，全坐满了，而且，他讲的内容我今天还能记起。

除了办讲座，体改所还鼓励我们学生去调研。1988年暑假安排我们去全国各地调研，我所在的组去的是马鞍山。在马鞍山调研的是国有企业改革，这对我们来说是一个非常好的经历。当时是体改所的办公室主任带我们去的，但交代完事情之后她就走了，所以我们就自己跟着当地体改办的人员下去调研，回来要写报告。这是非常锻炼人的。1989年寒假安排我们回家乡去调研、写报告。我回西安调查我家那边的西安电力机械制造公司（简称西电公司），然后写了个国有企业改革报告，回来评选，我得了一等奖。那时候，一等奖的奖励是什么呢？奖励一套两卷本《辞海》，我一直留着。

总的来说，20 世纪 80 年代是一个激动人心的年代。那时候的中国经济学主要还是通过实地调研产生成果，参与到改革的讨论之中去，很多改革都是经济学家直接提意见，最后形成政策。

20世纪 90 年代

到了 20 世纪 90 年代，出现了普遍的下海潮，经济学沉寂了一段时间。1994 年，CCER 正式成立。我一直强调，我们国发院和 CCER 的根有两条主线，一条是 20 世纪 80 年代的体改所、发展所，另一条是留美经济学会。在我们 CCER 的创始人当中，林毅夫老师和张维迎老师，一个是在发展所，一个是在体改所，而海闻老师和易纲老师都当过留美经济学会的主席。这两条主线的结合也决定了我们 CCER 的基因——用严谨的学术研究中国的现实问题。

20 世纪 90 年代，CCER 给中国的经济学教育（特别是经济学的研究生教育）树立了标杆，主要包括以下几个方面。

首先，我们引进了现代经济学的研究生教材和教育方法。这是非常重要的，一下子就把我们的研究生教育的水准提高了很多。现在基本上主要大学的经济院系的博士项目都在教"三高"，这就是我们给树立的标杆。如果不教"三高"，那么就不是一个好的博士项目。而且我们从一开始就实行淘汰制。我记得那个时候，林毅夫老师要淘汰他的一个博士生。当时林老师两届才招了三个博士生，到了第二年发现其中一个不行，就要淘汰他，这在国内是从来没发生过的。但是林老师坚持要淘汰，周其仁老师说淘汰可以，不过咱们得给他找个出路啊。于是就帮那个学生找工作，让他平稳落地。自此以后，在别人还不知道什么叫淘汰制的时候，我们就开始了对博士生的淘汰——博士生入学第一年后必须得考资格考，过不了你就走人；写不出论文也走人。

所以，这20多年来我们的博士项目淘汰率是很高的。我粗略算了一下，从长期来看，我们每年招收的博士生有十四五个，而每年也就毕业10～12个。这就保证了我们的毕业生质量。我们46%的毕业生是去高校就业，如果再把去研究机构的算上，那就有60%了，这个数据是哈佛大学都达不到的。当然了，我们的项目规模比较小，可能有一些影响，但也能说明我们博士生的质量非常高。

其次，在本科生教育方面，我们开创了北京大学的双学位项目。这个影响也很大，现在很多学校也有了双学位项目。国发院从2016年起开始有自己的本科生，从北京大学一年级的同学中间选拔，是一个以经济学为基础的博雅教育项目，希望能够在经济学教育领域再走出一条新的路子来。

最后，我们还编教材。这方面海闻老师功不可没。他编了一套中级经济学的教材，给本科生用，这套教材影响也很大，我现在还留着。然后，他还跟中国人民大学出版社的梁晶老师合作翻译国外的教材，我也参与了其中好几本的翻译。翻译是非常艰辛的事情，但影响也是很大的。

所以在经济学界 CCER 的名气很大。后来清华大学也出了一个中国经济研究中心，复旦大学也出了一个中国经济研究中心（不过后来张军老师把它改成了中国社会主义市场经济研究中心），还有山东大学黄少安老师那边，以前也叫中国经济研究中心，现在改成经济研究院。这都说明 CCER 的牌子是得到大家认可的。

21 世纪以来

21 世纪以来，中国经济学又发生了一些变化，主要是海归学者越来越多，海归创办的机构也越来越多。如果说 20 世纪 90 年代，我们主要还是在引进的话，那到了 21 世纪，就是在消化吸收，然后做研究。我们现在已经把人家的那套方法给消化了。在这个过程中，我觉得海归创办的机构还是起到了很大的作用。

CCER 也接着做了一些工作。一个是出版《经济学（季刊）》。前面说过，林老师让我这个博士毕业才五年的年轻人做主编，我当然要卖力干。我利用自己的人脉和 CCER 的影响力找名家写文章，杨小凯、田国强等人都给杂志写过文章。我们是不付一分钱稿费的，这些名家能捧场，令人感动。但我也拒绝过名家的文章。一位国际知名的华人学者受邀写一篇文章，结果老先生的文章连一个参考文献也没有。我就和他说，能不能加几个参考文献；老先生回答得很干脆，我写的都是我自己的想法，不用参考文献。我就没有发表他的文章。他给林老师写信，被林老师婉拒。结果，老先生的文章就没有发表出来。过了一段时间，老先生给林老师和我发邮件说"For your information, my paper has been published by …"（请您知悉，我的文章已经由……发表）。我当时是初生牛犊不怕虎，放在现在还是会思量再三的。

《经济学（季刊）》采取当时国内还很少见的匿名审稿制度，审稿周期也比较短，很快就受到学界（特别是年轻学子）的青睐，投稿量很快上升到每年600篇以上。当时《经济学（季刊）》没有刊号，能够获得这么多的投稿，实属不易（在林老师的帮助下，《经济学（季刊）》在创刊近十年之后才终于获得刊号）。《经济学（季刊）》在经济学界成为仅次于《经济研究》的重要学术刊物，对于推动中国经济学的发展做出了贡献。

另一个影响非常大的事情是我们赵耀辉老师和加拿大温尼佩格大学董晓媛老师合作的"中国女经济学者研究培训项目"。我觉得这是福特基金会在中国最好的资助项目之一。这个项目持续了10多年，培养了一大批女经济学家。

具体来说，我觉得有两方面作用。第一个方面是提升了女经济学者的整体研究水平。在中国高校，经济学院系里40%左右的老师是女老师，但是知名的女经济学者没有多少。国发院的知名女经济学家比较集中，如赵耀辉、沈艳、雷晓燕、张丹丹等。其他学校的话，有厦门大学的龙小宁老师和复旦大学的封进老师，而封进也参加过"中国女经济学者研究培训项目"。社科院系统的话，大概就只有朱玲和江小涓两位老师。中国经济50人论坛中，只有江小涓和吴晓灵两位女性。这是很不平衡的。"中国女经济学者研究培训项目"培养出来的很多女经济学家，后来成长很快，有的很快成为院长。

第二个方面，也是同等重要的，就是给女经济学者一个信号——女性也可以成为最好的经济学家。我带很多女博士生，第一个博士生就是女生，她们绝对不比男生差，但她们工作之后，的的确确比男生进步慢。家庭负担是一个很重要的原因，不仅增加了女性做学问的难度，而且会改变她们的心态。"中国女经济学者研究培训项目"的一个作用是增强女经济学者的信心，鼓励她们往前一步，发挥自己的最大潜能。

海闻老师还做了一件大事，就是在2001年创立了中国经济学年会。这是完全由民间发起创立的年会，没有太多的组织，仅仅有一个年会秘书处，靠年会的会费维持，但对现代经济学的传播起到了很大的作用。特别是早期，把高校经济学院系联合到一起，推动了经济学研究和教学。海闻老师做了20年的年会理事长，2021年我接任。如果说在海闻老师的领导下，年会推动了经济学在中国的传播，那么我接下来的任务就是推动中国经济学界提高设定议题的能力，为中国经济学的建设贡献力量。

中国经济学家为经济学发展做出的贡献

过去 30 年，中国经济学家对于经济学的发展做出了一些比较显著的贡献。我觉得主要有以下几个。

第一个贡献是对于经济转型的研究。我在前面一直说，一个伟大的理论，一定是对所处时代的一个回应。我反复强调这一点，就是觉得我们的年轻学者没有意识到这个问题。20 世纪 90 年代，我国最大的问题就是经济转型，而且，这一问题不光发生在中国，在东欧、苏联也都发生过。关于这一问题，林毅夫老师、周其仁老师、张维迎老师、樊纲老师等国内学者都做了很好的分析。海外华人学者当中，钱颖一和许成钢两位做了很好的研究，他们在制度经济学方面做出了显著的贡献。到 2000 年初期，这股热潮就过去了，但在中国经济学历史上留下了非常重要的一笔。

第二个贡献是关于财政分权的研究。这个领域的影响是持久性的，主要的贡献是钱颖一老师和许成钢老师做出的。两位老师是中国人里理论研究做得最好的，他们能把中国的现实问题进行高度抽象，然后发展出理论问题。我们那篇 *AER* 文章的发表用了 15 年，他们有一篇发表在《公共经济学期刊》（*Journal of Public Economics*，*JPE*）上的文章，基本上贯穿了他们整个学术生涯。我跟许成钢老师聊过，我说你们这篇文章好像一直在写，20 世纪 90 年代末就有一版发表在《欧洲经济评论》（*European Economic Review*）上。他说比这还要早，他们在哈佛大学读书的时候就已经有了这个想法，然后一直在讨论、在改进，后来罗兰加入他们的写作。也就是说，这篇文章是他们二三十年学术生涯的结晶。

财政分权是所有国家都要面对的问题，钱颖一和许成钢在这方面做出的贡献，我认为是非常重要的。许成钢在《经济文献综述》（*Journal of Economic Literature*，*JEL*）上发表过一篇讲中国财政分权的综述文章。这是一个非常高的荣誉，因为在 *JEL* 上发表文章是受邀的，它不接受投稿。一定是编辑和作者联系好了，所以，受邀为杂志写综述一定是对学者在这个领域贡献的认可。直到今天，中国学者还在沿着财政分权开辟的方向做很多研究，很多外国学者也对其他国家进行了研究，所以，钱颖一和许成钢当之无愧地获得了北京当代经济学基金会的第一届中国经济学奖。

第三个贡献是发展战略研究，这主要是林毅夫老师的贡献。我觉得林老师最大的贡献是在发展政策方面，理论方面他还在完善。他关于发展政策的讨论，已经一石激起千层浪。特别是在林老师做世界银行首席经济学家期间，他对整个发展经济学展开了广泛的讨论。对国际援助机构的影响更大，林老师重新提出在做国际援助时应该关注的问题。他重新定义了结构主义，提出不同发展阶段的战略选择是非常重要的。

这个提议的意义在哪里？发展经济学从舒尔茨起就主要关注微观机制，宏观发展经济学已经让给了宏观经济学家。发展经济学家主要在做微观研究，所以国际援助也从宏观的视角

（比如援助基础设施建设）转到微观的视角（比如援助教育、医疗卫生、社区发展等）。后来，班纳吉夫妇⊖获得诺贝尔经济学奖，也是因为他们做的是微观发展问题研究。而林老师把宏观发展经济学重新提了出来，强调需要关注国家层面的战略选择问题。而且，他再次把产业政策拉回到经济政策的讨论范畴中，引起了很大反响——当时产业政策在世界银行里已经没有人讨论了。我现在是国际经济学会的理事，发现我们学会在重新讨论产业政策。林老师在十几年前提出产业政策问题，是很有远见的。

第四个贡献是关于官员激励的研究。这是一个很有中国特色的问题，因为只有中国有一套特点鲜明的官员选拔体制。开创官员激励研究的，应该说是李宏彬、周黎安和他们那篇在 *JPE* 上发表的文章。在他们之前曾有人写过类似的文章，但是发的期刊不太好，影响不大。读这篇文章的引言会发现，李宏彬和周黎安的思路是沿着财政分权这支文献展开的，他们把钱颖一的财政分权理论作为一个靶子，认为只考虑财政分权是不够的，还得说明官员的激励问题。当然，这两个问题是联系在一起的，没有分权就没有激励。过去这十几年里，沿着这支文献做研究的人不少，所以，李宏彬和周黎安对经济学做出了贡献。

⊖　阿比吉特·班纳吉（Abhijit Banerjee，1961—），印裔美国经济学家，麻省理工学院教授；埃斯特尔·杜弗洛（Esther Duflo，1972—），法裔美国经济学家，麻省理工学院教授，班纳吉的妻子。两人因为将实验经济学的方法应用到减贫方面而获得 2019 年诺贝尔经济学奖。

我自己现在很多时候也在做这方面的研究，但主要不是研究激励问题，而是考虑官员的人力资本问题。人力资本是舒尔茨提出的一个很重要的概念，研究人力资本的文献浩如烟海，但很少有人研究官员的人力资本。然而，官员在经济中扮演的角色非常重要，不光是在中国，在世界各地都是这样的。官员的一个决策，可能让国家的经济增长提高一两个百分点，也可能让国家经济倒退一两个百分点。我和合作者研究官员的能力是如何形成的，又如何影响官员的升迁。我们的研究也证实，中国的官员选拔体制具备选贤任能的特征。

政治学和经济学的一般观念认为，官员的主要问题在于问责，只要有纪律（制度），把官员管住就可以了。中国的官员晋升经验告诉我们，制度不光要管住官员，还要能激励官员做正确的事情，要给他们正向的激励。中国官员选拔体制给了我们一个大试验田，让我们可以去做这些研究。这些研究也是有世界意义的，特别是对发展中国家而言。像世界银行这样的国际机构，总是强调先把制度建设好，把官员管起来；但从发展中国家的经验来看，有些官员根本没被管起来。我们要把思路反过来，不光关注如何管住官员，还要想如何激励官员，让官员去做正确的事情。

以上就是过去 30 年中国经济学家对现代经济学所做出的一些贡献。比起欧美国家的经济学家，我们的贡献相对较小，但毕竟我们已经起步了，能够从中国的特殊经验里总结出具有普遍意义的理论。如果年轻学者都加入这个队伍，假以时日，我们一定能够建立属于自己的经济学。然而，当下的中国经济学界，这样的动力似乎是不足的。

当下的中国经济学

我们看到，本土的中国学者在海外发表的文章质量越来越高。过去，中国本土学者能在国外前五名的杂志上发表论文的，主要也就是林老师，他在 *AER* 和 *JPE* 上发表了两篇文章。但现在，我们经常会看到中国本土学者在这些杂志上发表文章，包括我们北京大学的国发院、光华管理学院的学者，还有清华大学和上海的几所大学的学者等。然而，在这些发表的文章里，中国人自己设立的议题很少，或者发表之后没有人跟随，没有形成一个系列研究。这和欧美有很大的差别，在那里，知名学者的文章发表之后，总会有人跟上，最后形成"潮流"。中国本土学者的发表水平确实上去了，但是，多数文章还停留在模仿的阶段。当下的中国经济学，需要改进的地方很多，但其中最重要的问题就是，中国经济学者如何学会设定自己的议题。

林毅夫老师在 1995 年《经济研究》创刊 40 周年的时候，提出中国的经济学或者说社会科学应该做到"本土化、规范化、国际化"。到现在已经快 30 年了，我觉得我们在规范化和国际化这两方面已经做得比较好了，但在本土化方面做得不是太好。什么叫本土化呢？我的理解就是要设立自己的议题。没有自己的议题，就不可能有自己的经济学，只能是跟着别人跑——别人做点什么，我赶紧拿中国的数据去复制一下。这种研究也能发表，有时候也能发表到前五名的杂志上，因为中国问题大家都比较关注。那有些人就会有投机心理，外国人愿意看什么样的文章，我就写什么样的文章，发表得又快又好，但这样是没办法建立中国自己的经济学的。

这是很可惜的，因为当今这个时代是中国变化最快的时代之一。我们从传统社会走入现代社会，经历了一个剧烈变化的时期。李鸿章在一百多年前就说过，中国在经历"三千余年一大变局"。当今有很多问题值得我们去研究，"不能坐在金山上挖煤"，这是林老师一直提醒中国经济学界的。可现实是，我们好多学者都是坐在金山上挖煤，他们掌握了现代经济学的方法，然后不管脚下的金子，就开始去挖煤，因为煤更好挖。在他们看来，能发表就行，不管这个题目有没有意义。

我觉得，这样下去中国经济学会走入死胡同。像新加坡的大学，它们的文章发表情况都很好，特别是新加坡国立大学，它的经济系要求新入职老师必须在排名前15的杂志上发表文章，在其他杂志上发表的文章在评终身教职时一律不看。这就逼着年轻学者去努力在排名前15的杂志上发表文章，但是我们知道它那里的哪个教授吗？我跟他们联系算是比较多的，但我都记不住他们的名字。他们自己也不大在乎自己的研究，做经济学研究，对他们来说，只是一种职业，而不是"志业"。

我有个朋友，曾经是新加坡国立大学管理学院的院长，他发起了东亚金融论坛，可是每次请的演讲人大多数是美国人。有一次我实在忍不住了，和他说了这件事。他也很无奈。其实，他还是有意识的，做院长的时候不仅看年轻教师的文章发表情况，而且看他们研究的问题是否有现实意义。但即使如此，他也没办法，最后还是被美国的学术牵着鼻子走。

我们在中国不能这么干。中国是个大国，中国有自己的问题，我们要有雄心。美国人说美国是山巅之国，但中国也不是低洼之国，而是一个有着绵延不绝五千年文明的国家。你看我们的文字记载，从公元前841年起就把每一年都记录下来，一年没有落下。这是不得了的啊！我们现在也应该有自己的雄心壮志，要有自己的经济学。

经济学研究方法不分国度，但是问题一定是分国度的。其实到了今天，你会发现连自然科学都有国界了，更别说经济学了。至少你研究的问题，得是中国的问题、中国关注的问题。所以，我一而再，再而三地跟学生说（也跟年轻学者说）做学问好与坏，在我这里就是两个标准：第一，对中国是不是有用；第二，对学术进步是不是有用。所谓对中国是不是有用，就是你的研究对于解决中国的问题是不是有用，对于理解中国是不是有用。为什么要这样要求？一方面是中国的经济建设需要经济学者的理性建议，另一方面是经济学研究作为一种志业的要求。把经济学当作一种志业，就不能停留在旁观者的位置，而是要关注所研究的对象，身临其境地、感同身受地去研究所研究的对象，并找到改进或理解的办法。另外，经济学家不是单纯的政策研究者，经济学家要对经济学的学术进步做出贡献。当然，同时做到关注现实和对经济学做出贡献很难，但还是值得经济学家去尝试。

除了议题设置的问题，当下的中国经济学面临的第二个问题是专业化和问题意识之间的关系问题。这和前面的问题是一脉相承的。因为美国的学术划分得非常细，专业化很强，绝大多数美国经济学家研究的都是很小的问题。当然，美国的好杂志其实也不鼓励做这种问题的研究，像 AER 这样的杂志，还是鼓励问题导向的研究。这也是我和 Nancy Qian 他们合作的文章最后能发表的原因。在这一点上，其实在任何国家都是一样的，好的杂志都不愿意看到学者做"大炮打蚊子"的研究。大炮看起来好像既雄伟又精密，但最后打到的却是一群蚊子，纯属浪费。

但是我们也要承认，这里的确有些张力。如果要把问题研究得很细致，符合经济学的要求，那就必须要深、要专，但在这个过程中，问题意识可能就要失去一些。所以，我现在作为中国经济学年会的理事长，就要把舞台让给年轻学者，让他们来讨论这件事。2021 年在西安开年会，就专门有一场年轻学者之间的讨论，讨论怎么来做学问。我发现特别有意思，参与讨论的有本土派学者，如复旦大学的陈钊、中山大学岭南学院的徐现祥，还有海归学者，如清华大学的陆毅、中国人民大学的陆方文以及我们院的雷晓燕。前两位海归学者强调如何去发表，按照发表的要求就是要专业化；国内培养的本土派学者强调问题很重要，认为最终还是要回到研究问题上来；雷晓燕在中间，说这两个方面不矛盾吧，我们都能做到。晓燕说的就是国发院和 CCER 的特质。我觉得这样的路径是对的，要把问题意识摆在前面，然后用专业化的方法来分析，这是可以做得到的，张力是可以弥合的。

第三个问题是学术和政策以及社会之间的关系问题。就是说，学者要不要走出象牙塔，要不要关注政策、关注社会？很多人被美国的经济学家所迷惑。比如卢卡斯拒绝担任政府的任何职位。以他的资历，去做美联储主席都行，但他拒绝，说我不去，我就是做纯学术研究的。所以，在中国学者的印象中，美国的学者不太关心政治和政策，一心做学术研究。但这实际上是错的。美国高层级的学者，绝大多数人都在关注政策。

像哈佛大学、普林斯顿大学和麻省理工学院这三所大学里的教授，他们非常关注政策。他们是咸水派，因为这几所大学的位置靠海近。但即使是淡水派学者（五大湖地区大学里的学者），其实他们中的很多人也是经常参与政策讨论的。比如赫克曼[⊖]，他是搞计量经济学的，按理说他完全可以躲在书斋里，可

⊖ 詹姆斯·赫克曼（James J. Heckman，1944—），美国芝加哥大学经济学教授，2000 年因对分析选择性抽样的原理和方法所做出的贡献获得诺贝尔经济学奖。

是过去十几年他在关注什么问题呢？幼儿发展问题。这在美国是一个大问题。为什么呢？这要从种族说起。美国在黑人社区投入了很多钱，但最后发现好像没什么用。比如，美国在黑人成人职业培训方面花了很多钱，但没有起到显著的作用。最后，研究者发现，还是得从小孩抓起。所以，赫克曼就开始研究儿童的心理发展、能力发展。其实中国也应该研究这个问题。斯坦福大学的罗斯高⊖是中国农村问题的研究专家，研究深度远超很多中国自己的学者。他的发现触目惊心：许多农村孩子之所以到初中就学不下去了，是因为他们在三岁以前智力开发不够。这种研究有强烈的政策含义。

在美国，好的经济学研究都具有强烈的政策含义。我是在威斯康星大学农业与应用经济学系读的博士，那里的教授们的研究和政策高度相关。10 来年前，有一位华裔老师研究乙醇汽油。乙醇汽油是从玉米里提炼出来的，因为当时金融危机刚过，油价特别高，全世界都开始搞乙醇汽油。但是，搞了乙醇汽油后玉米价格就猛涨。那位老师的研究测算了乙醇汽油能为美国节约多少能源、使汽油价格降低多少。农民组织知道这个结论之后高兴得不得了，把这个研究结果印在华盛顿的公共汽车上面做广告。至于威斯康星大学经济系做宏观研究的老师，参与政策讨论的就更多了。他们一有空就满世界飞，去开会，很难

⊖ 罗斯高（Scott Douglas Rozelle，1955— ），斯坦福大学国际研究所高级研究员、教授，中国科学院农业政策研究中心国际学术顾问委员会主席，长期从事中国农业经济和农村发展研究。

约到他们。

我觉得学者参与政策研究，对自己的研究是一个刺激。你不参与政策讨论，慢慢就没有题目可做了，因为你不知道什么题目才是好题目。经济学还是一个入世的学问，不能像人文学者一样，天天待在自己的书斋里头就行了——其实我认为人文学者也不应该那么做。我们中国的很多人文学者，因为主要待在象牙塔里做学问，根本不知道底层老百姓的逻辑。这样做出来的东西不是飘在空中的吗？做政策研究、参与政策讨论可以拓展我们的科研视野，而且科研做得好，在政策界发言也更有分量，自然也会产生更大的社会影响。

和社会接触也是一样的，这与做学问是互补的。一方面，学者向社会公众介绍自己的科研成果，会给社会传递一个正能量，启迪民心，这是学者的一个责任。另一方面，学者在跟社会互动的过程中，可以了解民众是怎么想的，然后就知道社会问题在哪里。比如我参与了关于中考分流的讨论，才更多地知道老百姓的想法是什么样的，自己也有了长进。

目前学术界有一个不好的倾向，就是很多年轻学者缩回书斋里，不关注现实问题。这当然和升等压力有关系，因为升等考核文章发表数量，所以大家就闷头专心于发表文章。好在现在教育部要求"破五唯"，北京大学也展开了讨论。我们国发院也做了很多的工作，放松了对数量指标的考核，升等看青年学者能不能形成自己的发表体系。这样慢慢推行，也许有一天我们也可以实现不看文章的数量，而只看文章的质量。

中国有哪些值得经济学家研究的问题

中国目前还是有很多问题值得我们去研究的。我觉得主要有这么几个领域。

第一个领域是政治经济学。中国的经济与政治结合紧密，几乎所有的经济问题都牵涉政治因素。这是许多国家没有的现象。现在，新政治经济学有取代新制度经济学的趋势。新政治经济学研究所有政治和经济接触面上的现象，中国的新现象多，又有特殊性，所以我认为是最容易做出成果的。而且，这个问题也涉及关于制度的争论。现在国际上很多学者，包括阿西莫格鲁这样的明星经济学家，他们在写文章和著作的时候，虽然不能说是在诋毁中国的制度，但至少是把中国的制度看作一个不可能长期成功的制度。阿西莫格鲁明确提出两种制度分类，一种是攫取型制度，另一种是包容型制度，中国在他的分类里是攫取型制度，不可能支撑长期发展。但我们几十年的经济发展成绩该如何解释呢？我认为中国经济学家应该在这方面做出回应。

第二个领域是宏观经济学。中国其他经济学领域的研究基本上能跟上国际的脚步，但宏观经济学却是掉队的。最近发表的几篇文章比较好，但这是远远不够的。中国的宏观经济运行是比较特殊的，本质上也是政治经济学的问题。比如，美联储和其他国家的中央银行基本能够做到比较独立，但在中国中央银行是归政府管的，最后的决策考虑的就不只是经济问题、金融问题了，而需要有一个全面的考虑。所以，我们可以考虑建立宏观 – 政治经济学，这个方向目前还没有人明确提出来过。如果能建立起宏观 – 政治经济学，不仅对于研究中国有价值，而且对于其他发展中国家也有价值。所谓的央行独立性，也是有争论的。斯蒂格列茨就提出过反对意见，认为货币政策不能完全只是央行的事情，因为它还牵扯就业等问题，不应该是个独立的问题。我们看到，在金融危机和新冠疫情期间，美联储和美国财政部之间有很多默契的配合。所以，美联储是完全独立的吗？很难说。

中国就更是这样，除了中央这一层，地方政府也很重要。有学者研究金融加速器问题，提出房地产行业是个金融加速器，因为它制造了很多资产，而资产可以变成抵押物，有了抵押物就又可以制造贷款，所以，房地产价格的提高就有了金融加速作用。在中国，地方政府也是个金融加速器，因为它有很强的信用，所以，一家公司拿到政府的采购合同，就可以去贷款。我在我们家单元的电梯里看到一个广告，一家银行推出一个"政采贷"项目，就是允许企业拿政府的采购合同作为抵押物获得贷款，最高可以贷1000万元。这样，政府资产的增长就有了金融加速作用。地方政府在中国是一个很特殊的存在，它们的扩张和收缩对于中国宏观经济具有明显的作用，值得中国的宏观经济学家去研究。

　　我们的国有企业其实也是金融加速器。卢峰是我的第一个硕士研究生，她的硕士论文研究法治与金融之间的关系问题。后来我们一起在她的论文的基础上写了一篇文章《金融压抑下的法治、金融发展和经济增长》，发表在《中国社会科学》2004 年第 1 期上，是《中国社会科学》创刊以来引用前 10 名的文章之一，[⊖]这篇文章也让卢峰进入了中国理论经济学引用前 10 名文章的作者之列。在这篇文章中，我们提出了关于中国法治和经济增长的一个谜：中国的法治弱，那为什么中国的经济还能运转起来？我们的故事是，中国金融发展是不完整的，国有企业可以轻松拿到贷款，但私有企业要有很多的抵押物才能拿到贷款。国有企业拿到贷款之后，很多钱又进入了灰色地带，如后来出现的影子银行，转贷给了民营企业。法治弱，反而有利于国有企业把贷款转贷给民营企业。在文章中我们建立了一个小模型说明这个机制，然后用各省法院的执行率作为法治的代理变量，对各省民营企业获得的信贷做了回归分析。

　　这篇文章能进入《中国社会科学》引用前 10 名，说明大家对这个问题还是很关注的。但我和卢峰不是宏观经济学家，没有从金融加速器的角度去看这个问题。我觉得宏观经济学家可以认真研究一下这个问题，不过至今还未看到有人这样做。虽然这是中国特殊的制度安排下的产物，但我觉得有世界意义，

　　⊖　我共有两篇文章进入《中国社会科学》引用前 10 名，另一篇文章是《中国农地制度：一个分析框架》(https://www.nsd.pku.edu.cn/xygk/hjqk/518123.htm)。

一是让外国人知道中国的宏观经济是如何运转的，二是从一个新的角度认识影子银行的作用。

所以我认为，在中国研究宏观经济学必须考虑政治经济学问题，这是中国的宏观经济学没有做好的地方。当然，这和宏观经济学家接受的训练有关——宏观经济学习惯把制度设定为外生给定的，而这正是中国需要解释的东西。中国的宏观经济学家需要打破制度的黑箱，发展宏观 – 政治经济学，这样很可能有所创新。

第三个领域是老龄化。日本在老龄化的过程中，没有产生任何有影响的经济学成果，因为日本人不善于提出理论。较著名的日本经济学家多在美国，而且他们研究的也都是非常技术性的问题，其实就是数学。这和他们的学术传统有关，注重描述问题，而不是提出理论。我认为我们不能停留在日本那个层面。中国从 2000 年进入老龄化社会，现在已经接近中度老龄化阶段。老龄化对中国经济产生了什么影响？在未来一二十年里还会带来什么影响？而世界许多发展中国家将未富先老，研究中国的老龄化对经济增长的影响有世界意义。

我现在和雷晓燕老师、赵波老师一起做一个老龄化研究。我们国家自 2000 年进入老龄化社会，但我们的经济增长直到 2012 年都没有减速，而后面的减速可能是由其他因素造成的——主要是结构调整和资本积累的边际回报率下降造成的。这里，有几个问题值得我们研究。

第一个是储蓄率问题。中国老龄化后，储蓄率没有很快降下来，2010 年达到顶峰。自 21 世纪初以来，20 世纪四五十年代出生的人开始进入老年，但我们这些婴儿潮时期出生的人进入壮年，储蓄率达到最高。这可能是维持中国高储蓄率的一个原因。另外，中国还处在上升期，也会推高储蓄率。

第二个是教育的作用问题。教育质量越来越高，教育回报率也越来越高，这可以很好地弥补老龄化带来的劳动力损失。我的硕士研究生崔静远和我一起写过一篇文章，用 CFPS 的数据发现，以经过教育回报率矫正的教育年数作为劳动生产率的衡量指标，则 20 ～ 30 岁年轻人的劳动生产率是 40 ～ 50 岁人的劳动生产率的两倍。所以，劳动生产率的上升足以抵消老龄化带来的负面影响。

第三个是消费问题。在日本，老龄化的一大影响是消费严重不足，因为老年人的消费很少。日本央行为了刺激消费和投资，把利率压低到负数，也就是说，你到银行去存钱，非但不能得到利息，还要给银行钱。可是老年人非但没有减少储蓄，反而增加了储蓄，因为利息没有了，他们未来的收入就会降低，所以他们需要存入更多的钱，以备未来之需。而中国，未来还有至少 1.5 亿人要进城，会带动消费。

第四个领域是企业家的产生机制。我之前和一位印度裔的发展经济学家聊天，他在剑桥任职，他说现在的发展经济学研究其实都没用。我很吃惊，问他为什么，他就说，对于经济发展中最重要的问题，发展经济学根本没法研究，这个问题就是：企业家是怎么产生的？的确，能否成为企业家，和一个人的秉性有关，而这不是经济学家能够研究的。但是，经济学家应该研究有利于产生企业家的条件。

在这方面，张晓波老师的产业集群研究是一个很好的例子。产业集群这个问题在发达国家首次出现已经是 200 年前的事情了，所以它们的经济学家很少研究这个问题。而中国工业化的一个重要组成部分是农村工业化，我们要研究产业集群是怎么形成的，起什么作用。其中一个作用就是孕育企业家。在一个纵向的产业集群里，龙头一般是一个做贸易的公司，它接受订单，采购原材料，然后把制造过程发包给不同的家庭，形成产业链。我曾去浙江看过一个做 T 恤衫的村子，发现它的专业化程度非常高，有专门做裁剪的家庭，有专门缝领子的家庭，有专门缝袖子的家庭，等等。这样的分工，节省了许多成本，提高了效率，降低了企业家产生的成本。不要小看这样的家庭作坊。义乌以前都是家庭作坊，但现在没有了，家庭作坊主大都变成企业家了。

我还可以列举出很多其他值得研究的领域。我一看到现在很多人还是在研究别人已经研究了多年的问题，我就觉得伤心。我想再次强调，最终被人记住的理论和研究成果，一定是对时代最重要的问题的回应。中国经济学家应该关注中国当下最重要的问题。

中国经济学能够形成中国学派吗

建立经济学的中国学派，这个目标非常宏大，但目标再宏大，最终还是要回到如何落地这一问题上来。现在国内谈目标的人远多于谈落地的人，不是好现象。如何落地呢？我觉得最重要的还是要发展设立自己的议题的能力。设立了议题，大家持续去做，不断交流，最后形成一个学术共同体，慢慢地别人就能听到你的声音，最终才能形成一个中国人自己的经济学派，或者也可以称作中国学派。

我觉得现在大家都已经意识到了议题设定这个问题，不过，对于怎么推进，又感到很茫然。特别是年轻学者，我和他们交流的时候发现，他们也意识到了这个问题，但是不知道如何去推进。我认为症结还是我们的年轻学者对现实问题的关注不够、参与不够。他们一方面焦虑于自己做不了现实问题研究，另一方面又不愿意多参与对现实问题的讨论，觉得这些讨论的水平太低，也不愿意写面向公众的文章，觉得那是浪费时间。他们没有意识到，其实经济学家可以从政策讨论和与公众的互动中吸收很多东西，促进自己的进步。我认为我们的年轻学者要改变自己的观念。

另外，在中国的大环境下，就像上文所说的，几乎所有的经济问题都牵涉政治因素。所以我认为，如果经济学家能够创立真正的中国学派，那一定是在政治和经济的交叉面上。如果我们的年轻学者想在国际经济学界占有一席之地，就一定要有这个概念。

而且，经济学家一定要多做正面的研究。什么叫正面的研究？就是解释中国为什么成功的研究。只有研究中国是如何成功的，才能建立起自己的学派。总是研究政治干预对经济的负面影响是不行的，并不是说这个问题的导向是错误的，而是因为这个问题很多学者已经研究了无数遍，不太可能出新的成果。世界就是如此运转的，美国的政治也干预经济。美国对华实体清单上的中国实体都受到限制，美国企业不能和它们有往来，这对美国企业的效率肯定有影响。比如，芯片行业 60% 的市场都在中国，美国的芯片企业没有了中国市场注定不可能跟上芯片行业发展的步伐。所以，再写文章去讨论政治对经济效率的负向影响没有多少新的价值，有贡献的研究应该告诉我们，在中国的背景下，哪些政治因素非但没有阻碍经济增长，实际上还推动了经济增长。这并不是为政府干预市场做辩护。市场本身具有缺陷，所以政府必须参与进来，对市场做出补充。

做正面研究，当然不是要大家不去批评政府，而是如果我们想建立自己的经济学，就必须建立指导社会和经济成功的理论。哈耶克是少数以批评闻名的知名经济学家，他对社会主义的批评让他获得国际名声。但是，如果他没有写出来《自由宪章》这样正面论证古典自由主义的鸿篇巨制，很难说他最终能够获得诺贝尔经济学奖。弗里德曼也类似。他是大政府的强有力的批评者，但他在学术界立足的是他的货币主义学说。20 世纪八九十年代，中国还处于改革开放初期，钱颖一和许成钢也可以选择做批评政府的研究，但他们没有，而是选择研究财政分权是如何让中国成功的。这里的道理都是一样的，就是学者最终总是要"立"一样东西，说明它是如何有用的，才可能在学术界立足。

所以，要形成经济学的中国学派，就需要我们整个学界，特别是年轻学者，更多地关注中国的现实，较少地去关注具体文章的发表。一旦研究好了中国最大的问题，好文章的发表自然是水到渠成的事情。当然，这很难。我们的多数大学还停留在考核发表的文章数量的阶段，年轻人面对要么发表，要么走人（publish or perish）的威胁，似乎就只能拼发表的文章数量。所以，改变大学里的学术评价机制是当务之急，教育部颁布"破五唯"绝对是必要的。国发院已经不再把论文篇数作为教师升等的标准，希望其他经济学院系也能够跟进，最终形成一个全国性的氛围。

第九章

我的经济学历程

在前面的章节，我向读者简要介绍了经济学的基本概念、分析框架、学科历史以及它和其他学科的关系，也就经济学研究谈了我个人的意见，并给普通人学习经济学提供了一些建议。在这一章，我讲一下我个人的经济学历程。我学习经济学、从事经济学研究，有误打误撞的成分，其间有几个偶然因素起了关键性作用。今天的年轻人按理说生活得比我年轻的时候要好得多，但今天的年轻人比我那个时代的年轻人又要焦虑得多，每个人都想早早地规划好自己的人生，生怕落在别人后面。我想告诉年轻人，人生不用规划，跟着你的心走（follow your heart），每一步都认真地走，你就会成功。

从经济学学生到学者

高考志愿的选择

我读初中和高中都是在西安市西郊的一个厂矿子弟学校，主管单位是西电公司。这个公司是"一五"期间苏联的一个援建项目，主要生产输变电设备。在当时，整个西郊就两个公司，一个是西电公司，另一个是庆安集团有限公司（简称庆安公司），西电公司做民品，庆安公司做军品。庆安公司现在基本上没了，西电公司还在，可惜2021年把总部搬到上海去了。西电公司作为央企，按照国家要求扩容，合并了其他几个企业，然后把总部搬到上海，现在还叫西电公司。

在这种厂矿子弟学校，学生的父母那一辈基本上全是工程师。在当时那个年代，特别是在像我们学校这种厂矿子弟学校，大家基本都选择学理科。高中要学理科，考大学最好是选工科，理科都不要选。我们那时高中两年，每年要分一次班，最后我们全班50来人基本上全考上了大学。在我的印象中，只有两个人读了理科，其他全是工科。读理科的，一个去了中国科技大学，另一个就是我，去了北京大学。很有意思的是，后来我们两个人都是在威斯康星大学读的博士，后来他去了清华大学，我回到北京大学。

我上北京大学，也是有点机缘巧合。我们那时候还是估分报志愿。高考结束那天下午，我记得下了瓢泼大雨，我们考完了去踢足球，淋了个通透。傍晚的时候，迎着漫天火红的晚霞，就去听老师讲考题，对答案，我估了 530 分左右。那时候满分是 700 多分。结果最后分数出来我是 537 分，估得还是相当准确的。这分数在整个陕西省的排名其实并不高，只排到第 82 名。但这个排名上北京大学还是可以的，有同学就怂恿我报北京大学。那时候也知道北京大学，但模模糊糊，感觉北京大学很好，不过还是觉得北京太遥远了。遥远到什么程度呢？我上北京大学之后，一位东北的同学问，你从西安过来，怎么普通话说得这么好？我说我们那儿都说普通话。然后他又问，那你坐火车过来是不是要路过沙漠？我们是地理系的学生，他问这个问题让人有些汗颜。

北京对我来说太遥远了，但是又觉得应该试一试，因为那时候读过鲁迅的"走异路，逃异地"，想去异乡看别样的人们。所以，我当时的第一志愿报的是北京大学，第二志愿就更远，应该是大连海运工程学院，就是要走得远远的，离家越远越好。我还跟一个很要好的同学商量（他数学特别好），我报北京大学地理系，他报清华大学应用数学系，他答应了。我之所以报地理系，纯粹是不想学理科，想学文科，但那个时候文理招生没有打通，我在理科院系里看了一遍，只有"经济地理"好像和文科沾边，于是就决定选这个专业。这是我第一次与"经济"结缘。结果到真正报名的那一天，我正在楼下跟妹妹打羽毛球，我那个很要好的同学骑自行车过来，说对不起，他不报清华大学了，要报浙江大学，学工科。那时候，清华大学本科要读五年，这也是大家不选清华大学的一个原因。

到了我自己报名的时候，我父母就跑到学校，不让我报北京大学，一个原因是不知道经济地理是什么专业。他们让我报西安交通大学。西安交通大学，当时对我们来说就是最好的学校，那时候西安交通大学在工科院校中应该仅次于清华大学，它继承了上海交通大学的底子。正在那里僵持的时候，还好我们的政治老师过来了。他姓江，是高干子弟，眼界广，而且读书多，还订了《美学》杂志——他读《美学》，我们当时都惊呆了。我母亲也是老师，所以认识他，就请他来说一说选专业的事。江老师说，读什么专业不重要，读哪个大学最重要，应该让孩子出去闯一闯。江老师这句话把我给救了。这样我才报了北京大学。

本科的经济地理专业

到了北京大学一看，我们班 35 个人，南方的同学基本上全是调剂过来的。那时候北京大学是有名，但还没有今天这么有名。我问那些南方的同学都报的什么学校，回答有报复旦大学的，有报武汉大学的，还有报中山大学的，反正都是南方的名校。但我们这个专业招不满，就把这些同学调剂过来。还有，我一看北京同学的分数，我比他们整整高了 100 分。总之，就没有几个人是报这个专业进来的，基本上全是调剂过来的。

但是，经济地理这个专业有一个好处，就是开阔眼界。我们那个年代的经济地理在数理方面不太行，书里全是描述，但是好在面特别宽。特别是在"经济地理学导论"课上，我们碰到一个好老师——胡兆亮先生。老先生原来在国家计委工作，担任司长，但愿意回学校教书，当我们的系主任。他讲经济地理概论，我们一下就入门了。所以，我觉得北京大学要求名师给本科生上课是对的，一定要坚持。胡老师上来就讲得高屋建瓴，让我们明白了经济地理的框架，明白了计划经济的问题，等等。那时候没有教科书，老师的讲义都是自己写的，铅印出来，然后用白皮一包。上完这门课之后，他让我们寒假回家写一篇论文。我的论文写的是我们家到学校的那条丰登路上农贸市场的区位，有样学样地分析了一番。回来之后上交，胡兆亮老师给我打了最高分，我特别得意。这么多年来，每次见到胡兆亮老师，他还都记得我。而且这40来年，老先生基本上就没怎么变过，快90岁了，还是走路如风，声如洪钟，跟过去一样。

到了后面，课程就更少了，但有个好处就是有闲暇读书，读了好多的书。我们那时候要靠助学金，加上家里给的，我每个月有34元。可就这样还能省下钱去买书，最后买了一大堆书。那时候，有些人会弄些书，在学校里卖。我记得吴国盛（现在是很著名的科学哲学家）弄来一堆"走向未来"丛书里的书，在学生第一食堂的门口摆摊卖。后来他发起成立了科学哲学会，我也参加了。在大学养成的读书习惯，让我终身受益。现在年纪大了，每天早晨起床早，第一件事就是端着一杯咖啡读书。

管理科学中心

到了本科要毕业的时候，我对历史地理特别感兴趣，就想学历史地理。但是侯仁之老先生那年不招生，没有读成。那怎么办？我有个好朋友，罗茂林，说学校新成立的管理科学中心跨系招生，地理系、经济系、计算机系、数学系的人，只考自己本专业的课，分数够了就会被录取。至于什么叫管理科学，当时根本就不知道，反正就是感觉别再学经济地理了，学别的吧。就这么纠结着去考，结果我们俩都考上了，后来也分在一个宿舍。

我就这样稀里糊涂地上了管理科学中心，成为厉以宁老师的学生。当时的管理科学中心，厉老师是副主任，主任是校长丁石孙。因为那时候是个硕士班，不分导师，我们都是在厉老师的名下招进去的。实际上，我们也就上过厉老师的课，没有得到过他的指导。真正管我们的是陈良琨老师。他是从数学系过来的，是一位和蔼开朗的先生，脸上永远挂着笑容，是我们的家长。

我们学了很多数学，难得不得了，稀里糊涂。三年里，一年半基本上是混过来的。那时候老师中也没有多少人是管理科学专业出身的，我记得只有王其文老师是学管理科学的，他在厉以宁老师的感召下从马里兰大学获得管理科学博士学位后回到北京大学。因为厉老师的原因，经济学系那边的国民经济管理专业的研究生也和我们一起上课。这样，我才较为系统地学习了经济学。

但对我影响最大，让我最终走向经济学研究的，是林毅夫老师。我前面提到过孙来祥老师，他也在我们管理中心兼职。有一天他跟我们说，有一位台湾老师想找一些学生帮他做点研究。就这么一句话，我们在 1988 年 1 月 2 日去见了林老师，有了前面我给大家讲的贩西瓜的故事。之后，我就跟着他写硕士论文。

威斯康星大学农经系

前面也说过，我跟林老师写的硕士论文研究的是中国的剩余劳动力问题，出国留学的时候也自然就报了农经系。一开始，我没有拿到全额奖学金，1989 年硕士毕业的时候就只好回西安工作。一年之后，我拿到了威斯康星大学农经系的全额奖学金。在那个年代，如果没有全额奖学金，基本上不可能出国留学。

威斯康星大学麦迪逊分校是很有意思的学校。它是个授地学校，就是州政府给一块土地办起来的学校。美国中西部很多公办大学都是这么建起来的。在 20 世纪 70 年代以前，威斯康星大学在美国的排名非常高，我们前面谈到的老制度经济学派的大本营就在威斯康星大学。这里有一个传统，可以称为威斯康星理念，就是要为公众服务。威斯康星大学是一所比较激进的学校。在 20 世纪 60 年代美国学运过程中，暴风雨的中心是三所大学，西边是加州大学伯克利分校，中间就是威斯康星大学，东边是哈佛大学。这三所学校的学潮闹得最厉害。威斯康星大学有一个人极端到用炸弹把物理大楼的一个角给炸掉了，因此在监狱里待了 30 年，放出来后在麦迪逊最繁华的一条街上摆个小摊儿。历史真是很有意思。

我的论文导师是 Michael Carter。他主讲发展经济学微观部分，上来就讲马克思。我们那时候读研究生也不需要读《资本论》，厉老师给我们上了一门"社会主义经济学"。我还记得很清楚，这门课是他和刘伟老师合开的，他们一人讲一半。所以，当时我就很疑惑，怎么到了美国还要讲马克思主义？后来，我慢慢了解了导师的情况，他会说西班牙语，一开始研究南美，同情那里的革命运动。

刚好他手里有一个福特基金会资助的项目，研究中国的土地制度。当时国内农业发展遇到了一些瓶颈，其中之一是土地转让问题。我很幸运，能赶上这个项目。国内的合作方是国务院发展研究中心农村部——其实就是发展所，绕了半天又绕回来了。在这个过程中，我认识了刘守英。我在发展所跟林老师写论文的时候，刘守英、黄益平刚去工作，所以我跟他们不太认识。但到了 20 世纪 90 年代初，我就跟刘守英老师认识了，一起做这个项目。1994 年我还回国做了一次调研，也是这个项目资助的。

我的博士论文自然就用这个项目收集的数据。我自己写了几篇文章，和导师也合写了几篇文章。像几乎所有博士生一样，构思论文期间是最为痛苦的。上课和考试都是老师安排好的，但论文要自己构思。正如我一直强调的，能够从现实中抽象出经济学问题，是从学生到学者的跨越。我的论文包含了三篇文章，第一篇花的时间最多，曾经做过两次推倒重来的大返工，痛苦不堪。好在这篇文章在我回到北京大学后不久就被《发展经济学》杂志接受，辛苦没有白费。

回到北京大学

同样是在 1994 年，林毅夫老师到威斯康星大学做一个讲座。我已经知道他在酝酿成立中国经济研究中心，我就和他说，读完书就要回去。林老师说，那欢迎啊，不过你要把家里的工作做好，也就是说要做好太太的工作。其实我们出国之前就决定了要回来，从来没有想过要留在美国，所以这并不是一件困难的事情。

1996 年 1 月，美国经济学会在旧金山开会，CCER 也去那里招人——从此以后 CCER 每年都去美国经济学年会招人。我带着简历，去参加 CCER 的面试。当时来了三个人，林毅夫老师、易纲老师、海闻老师，面试就是在他们的房间里进行的。我进去的时候，林老师和海老师都累得在那儿睡觉，只有易老师打起精神，坐在床上跟我聊，说我们对你都很了解，没问题。我就这么决定回来了，但是因为太太还有半年的时间才能读完硕士，所以我申请延期半年，易老师也同意了。

最终，我们在 1996 年底才回来。确切地说，是在 1997 年

1月2日凌晨回到北京大学的。当时下着鹅毛大雪，我们一家抵达首都机场（那还是老机场，一号航站楼，只有一个传送带），走出航站楼时已经夜里12点多了，打不到车，只好雇了一辆大面包车，司机乱要价，开口要350元。我们知道他在漫天要价，但也没办法。进了北京大学校内，一切还是老样子。这是我想象中的北京大学，魂牵梦萦的北京大学，大雪中的北京大学！

经济学研究历程

回国之后继续做农村土地研究。当时，CCER一半以上的人研究农村问题或曾经研究过农村问题。但随着中国经济的转型，我们又几乎都不再做纯粹的农村问题研究了。几年之后，我觉得农村土地没有什么新的东西可以研究了，于是就转到了农村的政治经济学问题，特别是农村选举上面。近10多年来，我所发表的最好的两篇文章都是关于农村选举的，一篇发表在《美国政治学评论》上，另一篇即将发表在《美国经济评论》上。

我的第一个非农村的项目是民营企业研究，是和澳大利亚国立大学合作的。澳大利亚国立大学有几位老师对中国特别友好，其中一个是Peter Drysdale（黄益平老师的导师），另一个是Ross Garnaut。Ross是领袖级的人物，对林毅夫老师和我来说都像个兄长。在20世纪80年代末，他是澳大利亚驻中国大使，他去见杜润生时林老师做的翻译，然后他们就认识了。林老师有一段时间在澳大利亚国立大学做访问教授，就是出于这个原因。在 90 年代末的时候，我们就一起做了中国民营企业的研究项目，后来又一起做了国有企业改制的研究。他的一个学生叫宋立刚，留在澳大利亚国立大学教书，也和我们一起做这两个研究。

后来国有企业改革基本上完成了，又遇到了 2008 年金融危机，所以我就转向关注开放条件下的经济发展问题。那时候中美的贸易摩擦愈演愈烈，我就开始做一些宏观发展经济学方面的研究。实际上，对我来说这是个有点新的领域，因为我以前都是研究微观发展。那怎么学习呢？就是教一门课，边教边学，还有就是和学生合作。

由于这件事情，我也对中美关系产生了兴趣，在 2010 年启动了中美经济二轨对话。当时林老师在世界银行工作，我们院长是周其仁老师。周老师听了我的想法，去找当时的副总理王岐山，王岐山很支持这个对话，认为我们应该开辟这种民间外交的途径。他指定秦晓来做中方的主席。美方组织者是美中关系全国委员会，代表团主席有两个。一个是卡拉·希尔斯（Carla Hills），她之前做过美国贸易谈判代表，是美国第三位女性部长，很厉害的一个老太太。另一个是史带集团董事长莫里斯·格林伯格（Maurice Greenberg），他长期做 AIG 的董事长。因为 AIG 是在中国成立的美国公司，他对中国非常友好，是中国人民风雨无阻的老朋友。大家可能没有注意到，我们在改革开放 40 周年的时候，给外国友人颁发了中国改革友谊奖章，格林伯格就是其中一个。我们这个中美对话坚持了 10 多年，现在还在做。

过去 10 多年，我主要关注中国的新政治经济学领域的问题，和研究农村土地问题的时候一样，也是关注制度，只不过是更加广义的制度——政治和经济层面的互动。新政治经济学研究制度是怎么演化的以及政治对经济有什么影响。如我在前面一章所说的，政治和经济的结合面是最有可能产生中国自己的经济理论的领域。我和同事还有学生合作，构建了中国官员的大型数据库，通过研究官员的人力资本和升迁路径探讨中国政治体制的运行逻辑。由此，我也对中国的政治哲学感兴趣，这个兴趣让我回到儒家，撰写了一系列的论证儒家的当代意义的论文以及一本专著。实际上，我对政治哲学的兴趣已经持续了 20 多年，其间也写了几篇学术文章，可以说，政治哲学是我在经济学之外的另一个研究领域。

机缘巧合的选择

回顾我的个人经历，从一开始高考填报志愿，到读完博士之后回国做的研究，其实当中有很多机缘巧合的因素，都是根据当时的机会做出的选择。对现在的年轻人来说，我觉得这可能有一些启示作用。

在现在有些年轻人中，焦虑似乎是普遍现象。焦虑的一个原因，就是一直在想未来应该做什么，好像要把自己这一辈子走的路都设计好。但这是不可能的，而且没必要。我的很多选择都是由于机缘巧合，如果报志愿那天江老师没有出现在校门口，那我有可能就得听父母的话去上西安交通大学了；在报考研究生的时候，如果不是罗茂林提醒我，我现在还不知道在学什么、干什么，应该也不会转到经济学领域，后面更不可能遇到林老师。这完全是一个机遇加上另外一个机遇。

我做的研究，和当时最重要的问题都是相关的。比如，一开始研究农村问题，在 20 世纪 90 年代，中国农村发展还是一个巨大的难题；后来，90 年代末，民营企业的发展和国有企业改革变成最大问题；再到后来，我们的经济（特别是外向型经济）显示出成功的迹象之后，中国和美国的贸易摩擦又增加了，所以就转向研究开放条件下的经济发展；过去这 10 年转向新政治经济学研究，也和国内以及国际形势的变化有关系。国外，特别是西方精英，担心中国这样的非西式民主国家在经济上的兴起会对其所谓的民主制度和自由资本主义制度构成挑战。所以，我就自然开始关注中国的政治体制问题。

这完全是一个问题导向的研究路径。大家可能会说，这样总转向能做好吗？我觉得，抱有一种学习的心态去做，就可以做好。当然也有失败的时候。比如，因为研究制度演化，我对演化博弈感兴趣，因此开过一门演化博弈的课，把演化博弈弄清楚了。不过后来我还是放弃了，因为我觉得演化博弈这条路走不通，它的套路太死板，不够灵活，只能处理一些非常机械的事情。

总之，我还是建议年轻人不要总是焦虑，不要老想着应该怎么样，或应该怎么做完美的人生规划。我博士毕业的时候已经 32 岁了，林毅夫老师博士毕业时已经 34 岁了。现在的年轻人，预期寿命恐怕在 90 岁左右。人生的路还很长，不可能在 20 岁的时候就规划好了。车到山前，你必然能发现你要走的路。

把经济学作为志业

尽管我选择经济学有偶然的因素，但一旦选择了经济学，我就把它作为一个志业来对待。在这里，我想就年轻学者如何把经济学作为志业这个问题再啰唆几句。前面说过，志业不同于职业的地方，是把自己融入所研究的对象之中，参与自己所研究的社会进程，而不是做旁观者。

第一，对年轻学者来说，在自己学术生涯初期还是应该先专注于一个领域。年轻人要先解决安身立命的问题，这就要求选择一个专业，成为专才。关注一个领域，是成为专才的捷径。从我自己的经历来看，一以贯之关注的是农村问题，一开始研究农村土地和劳动力市场的问题，然后往深研究，研究农村的政治经济学问题。一个研究者在一个领域能发表三五篇比较好的文章，基本上在这个领域就会有知名度。当然，在我们那个时代，中国的经济学研究还处于起步阶段，相对来说容易一些。因为我们掌握的方法，比当时国内的其他学者的方法要好一些，所以写出来的文章比较容易在国内外发表。现在学术文章发表的竞争虽然激烈了，但原则应该没有改变。

第二，要做问题导向的研究。从我自己的经历来看，不一定非得一辈子就做一个领域的研究，可以转变研究领域；经济学的方法是普适的，进入一个新领域之后，只要勤于学习，总是可以了解这个领域的前沿问题的。原则是做问题导向的研究，就是要关注中国当下最重要的问题，这样不仅容易出显著的成果，而且也更利于参与历史进程。如果只是为了发表文章，跟随国外的文献写论文是最容易的事情，但那是职业的做法，不是志业的做法。把经济学研究作为自己的志业，首先要对自己研究的东西感兴趣，并且有意愿和能力为这个东西做一些事情，参与其中。再说得俗一点儿，只有关注中国当下最重要的问题，你的研究成果才会引起学界和社会的关注。

第三，参与公共讨论。我们有些学者喜欢坐在象牙塔里，不参与公共讨论，这样不是志业的做法，也做不好研究。

我说过，20世纪80年代的学术研究都非常接地气。学生也非常喜欢读书，当时对我影响最大的杂志是《读书》。我每个月都要去三角地的书店买一本。留学回国之后，我就想，自己原来是读者，现在也博士毕业了，是不是可以做作者。所以我就试着给《读书》写文章。

那时候《读书》的两个主编，一个是汪晖，另一个是黄平，他们俩并不是被动地等待稿件，而是主动地组织稿件。我把稿件送给编辑后，她就找我说，汪晖想和我见个面，聊一下。我听到后很激动，想到鼎鼎大名的学者汪晖要见我，不能不激动。见到汪晖之后，他说，阿玛蒂亚·森刚得了诺贝尔经济学奖（1998 年），你能不能写一写他？这么重要的一个经济学家，国内基本上没人知道他。我在上学时读过很多森的文章，也知道他的领域，但是要介绍他的思想和学术生平，还得费点儿劲。最终我花了一个月的时间，把当时能找到的森的文章和书基本上都读了一遍，然后把文章写了出来。交给《读书》后，很快就刊登出来了。

10 年的时间，我从一个读者变成了一个作者，所以当时感觉很激动。

我也给《南方周末》写过专栏。写专栏还是很费劲的，因为有时点限制，到时间就得把文章给编辑，然后字数也有限制，2000 字，不多不少。我觉得这非常锻炼人，因为你需要用 2000 字清晰地表达出一个观点，而且要写得引人入胜，不能像写论文似的用学术语言，要用普通老百姓能懂的语言去写。因为有这个经历，我现在上小班课的时候也要求我们的本科生平时写短文，用 2000 字或 1500 字表达和论证清楚一个思想。

这些其实对于评职称没有什么用，纯粹就是参与公众讨论，但我觉得对我了解和认识中国是很有帮助的。比如，2008 年是改革开放 30 周年，大家都写相关的纪念文章。我写了一篇长文，讨论中国经济高速增长的由来，给了《南方周末》。但文章太长，编辑计划分四次刊登。但刊登到第三次的时候就刊登不下去了，他们主编说不能再往下刊登了。当时我刚好去广州，《南方周末》的编辑就找我谈这个问题。一些读者对我关于中国经济高速增长的解释有不同的看法，编辑把读者的反馈告诉了我。我对最后一部分进行了较大的修改，最后编辑顶着压力刊登出来了。从这样的互动中，我知道了中国主流思想在想什么，也启发了我的研究。

前面说过，过去 20 年我的一些非经济学的研究内容是政治哲学，而我对政治哲学感兴趣恰恰是因为给《读书》写的第一篇文章。森是一个经济学家，但也是一个出色的政治哲学家，因为研究他的缘故，我自己也开始对政治哲学感兴趣。现在，我给本科生开一门课，叫"经济与政治哲学"。这完全是由兴趣引发出来的一个研究领域和课程。所以我觉得，一个人如果心态是开放的，就会发现天地很开阔，有很多事情等着你去研究，而且可以做出和别人不一样的研究。

第四，参与政策讨论和政策咨询。我做的研究基本上都是问题导向的。只有做问题导向的研究，才能够提出政策建议。现在很多学校都在做智库研究，但我们很多年轻的学者经常抱怨说，自己好像一直入不了门，没有人听自己的政策主张。我觉得主要的原因在于他们的研究本身就没有多少政策含义，研究和政策建议是分离的。只有建立在问题导向研究的基础上，提出来的建议才会是比较好的建议。

比如说我长期研究农村土地问题，所以我对中国的小农经济，就有了一些自己的看法。中国的小农经济在历史上就已经形成了，至少从南宋开始，就是人多地少这样一种状况。展望未来，比如说等我们的城市化率提高到 80% 的时候——我估计那时城市化基本上就会停下来——仍然会有 2.8 亿人居住在农村，我们全部的可耕地是 20 亿亩，这样农村人均不到 8 亩地。所以中国这样一个小农社会是改变不了的。现在就算把劳动成本都算上，1 亩地的产品卖出去能获得的净收入大概 1000 元，这样 8 亩地净收入大概是 8000 元。这个收入即使在今天都是比较微薄的，更不用说二三十年之后了。所以，农民必须兼业，中国不可能存在大量的纯农户。这些想法得到了政府的重视。

参与公众讨论、参与政策讨论、参与政策咨询，是把经济学当作志业的一部分，这些也会反过来推动自身的学术研究。所以我想再次提醒年轻学者：大家一定要做问题导向的研究，把自己融入中国的历史进程中去，这样既能做出有影响的研究成果，也能让自己的人生得到满足。

多元背景和经济学学习

最后谈一下经济学和博雅教育之间的关系。我一开始不是学经济学的，但我本科阶段的多学科背景对我的学术生涯是有很大帮助的。当然，这不一定说非得有别的学科的背景，从一开始就学经济学也没有问题。关键是要有意识地丰富自己，手段就是多读书。一方面，读书是自我完善的一部分，读多了，对世界、对人类社会的理解就会更加完备；另一方面，人总会触类旁通，读书的时候，读到某一部分，可能就会触动你。

读书还有一个好处，就是能学会所谓的批判性思维（critical thinking）。批判性思维并不是指总批判别人的东西是错的，而是指对任何事物都能看到它的几个侧面，而不是只看到一面。看到事物的多个侧面，从另外的角度来看待同样的事情，这样就能提出问题，找到新的领域。我觉得这是读书最重要的功能之一。

我遇到很多人，做一阵子研究之后就做不下去了，越来越走下坡路。这是为什么呢？因为他们总是在自己狭小的领域里打转，所以做了一段时间研究就没得做了。如果你的思路开阔一些，跟别人去交流，就有可能触类旁通，最后路会越走越广，越走越宽。

我们国发院有自己的本科项目，我们本科项目的定位就是以经济学为基础的博雅教育。本科阶段读经济学的同学，我认为有几个方面是重要的。第一当然是把经济学的基础课程都学好。第二是要学好数学。数学很有用，特别是到了研究生阶段，数学变得极其重要。学数学可以建立一种数学思维，也就是严谨的逻辑思维。我在北京大学读书期间学过数学，研究生阶段还做过数学课的助教。后来读博士的时候发现课程还是有些难度，就去上了数学系的数学分析课，学完之后茅塞顿开，我觉得我要是早学了这门课，博士第一年就不会那么痛苦了。数学分析以集合论为基础开始讲，对于训练思维能力，是非常有好处的。第三是要广博，要接受通识教育。我希望我们的同学广泛地去听课，哲学的、历史的、政治的、社会学的，都可以去听。我们还有读书会，有博雅书单，同学们可以按照它去读。

把基础一方面打宽，另一方面打深，这是我们本科教育的目标。我们的同学本科毕业，接着读经济学的研究生也可以，去读别的学科的研究生，如政治学的、社会学的，甚至哲学的，也可以。我以前就接触过一个北京大学元培学院的学生，他一开始选择经济学，后来他对哲学感兴趣，就立志必须得考上哲学系的研究生，之后又去德国读了博士。我觉得也很好，如果今后从我们的本科生里诞生一个很好的哲学家，那也是我们成功的标志。甚至有些同学说，我还是觉得学数学更好，再回去学数学我觉得也可以。对青年学生来说，人生的路很长，本科阶段学的这些东西、读的这些书，未来总有一天，你会看到回报。

从美国人的办事低效说起

《南方周末》，2008 年 3 月 27 日，C19 原富版，
《经济镜像》栏目

低　　效

在国内常听人抱怨这个部门或那个单位的办事效率低下，而且抱怨的人总是理直气壮，一副当家做主的样子。有一次我从印度搭乘东方航空公司的航班回北京，在浦东机场飞机由国际航班转为国内航班。地勤人员领着乘客由国际到达往国内出发走，但总是数不清人数，旅客们不得不等着。此时，我们的几位同胞便义愤填膺地上去和地勤人员理论，极尽讽刺挖苦之能事，而地勤人员也只好忍着。顾客即上帝，这似乎已经深入人心了。

可是，在美国这个顾客早该是上帝的国家，我却见识了顾客被随意驱使的情景。一次我从费城搭乘最后一班飞机回伊萨

卡，旅客刚刚坐定，一位地勤人员上来叫："某某女士，请出来，你的票无效，必须把座位让给另一位还没有登机的旅客。"此时飞机已经满员，这意味着这位女士当天回不了家了。她听地勤人员说完，马上哭了，说："我有票，我的票早都订好了。"可她还是被带下了飞机。我在想，如果在中国，绝对没有人会下飞机的，因为这是航空公司的错误，它多卖了票，至少，航空公司也要加倍赔偿才对。

美国人的办事效率实在不敢恭维。我在 2007 年 9 月到美国国家经济研究局开了一次会，会后早早地把报销单据寄给了他们，可是，直到现在（2008 年 3 月）还没有收到报销的钱。以前给服务单位打电话，虽然要回答机器的许多提问，但最终总能和一个真人说上话。现在却不同了，电话那头要么总是机器，要么给你转到印度去，让你留下电话号码，等着美国这边的接线员空闲下来回电话，而这个电话你多半是等不到的。

美国的医疗体系也是最为人所诟病的。医疗费用的激增和大量无保险人群的存在固然是大问题，但据我个人观察，医院的服务质量也大不如前。2003 年我们全家在斯坦福大学住了三个月，其间我太太不慎扭伤了脚踝。因为担心骨折，所以当晚便去看急诊。只是拍一个简单的 X 光片，竟然让我们从晚上 10 点等到第二天凌晨 2 点，可是还没有拍好，要重拍，因此我们不得不再等一个多小时。以前读书的时候，看家庭医生基本可以预约到一两天后的诊号，这次到康奈尔大学访问，发现看一次家庭医生也要等二十来天。

低效为什么工资还高

这样低效的例子还可以举出很多。我的疑问是，既然美国人的办事效率如此低，为什么他们的工资却比中国人的高？

我这里的比较是在同等教育水平之下进行的。我们当然不能期望一个初中毕业的中国农民的收入和一个大学毕业的美国农民的收入一样高。但是，我们大体期望清华大学毕业生可以获得和弗吉尼亚理工大学毕业生一样的工资，而事实却是，后者的工资远远高于前者。

然而，如果一家美国本土公司接收一名清华大学毕业生到美国工作，则会发现这名毕业生可以做美国员工能做的所有工作。也就是说，清华大学毕业生之所以没法获得弗吉尼亚理工大学毕业生的工资，仅仅是因为他在中国而不是在美国工作。这是为什么？

有人马上会说，这个问题还要问吗？不就是因为中国比美国穷吗？但这个回答有同义反复之嫌，因为一个国家贫穷与否本身就是由收入决定的。我们需要在收入之外找原因。我这里给出两个原因。

第一个原因是美国的人均资本存量远远高于中国。劳动力和资本是两项基本的生产要素，而且，在一定技术条件下，它们之间的生产力是互补的，即一种要素投入的增加会提高另一种要素对生产的贡献。比如，给定资本存量，劳动力越多，资本对生产的贡献就越高。当年修建人民大会堂的时候，还有全国人民到北京来义务劳动，尽管我们当时的技术手段有限，可是我们却用 10 个月把人民大会堂建好了。这是人多提高资本贡献率的例子。

资本增加提高劳动生产率的例子更多。同样一个大学毕业生，用计算机工作的效率当然要比用计算尺的效率来得高；同样一个工人，用车床工作的效率当然要比用榔头的效率高。美国制造业人均资本存量是中国制造业的 10 倍左右，两者间巨大的差异足以解释美中之间很大部分的工资差距。

这里的道理似乎很简单，但经济学家对此的看法并不一致。一个显著的例子是亚洲金融危机之前保罗·克鲁格曼对东亚发展模式的批评。他认为，东亚经济体的高速增长主要来源于资本积累而不是技术水平的提高，因此就长期来说它们的经济增长是不可持续的。

我在前面是在给定的技术水平下进行讨论的，克鲁格曼的讨论则增加了技术维度上的变化。就长期而言，克鲁格曼是正确的，特别是如果一个发展中国家要赶上发达国家，技术水平的提高是唯一的出路。但是，短期内一个经济体通过资本积累提升收入水平的空间仍然非常大，特别是对中国这样人均收入仍然很低的国家，资本积累仍然是提升收入水平的捷径。而且，这里所说的"短期"可能并不短，中国再维持 10 年的高积累、高增长模式毫无问题。

同等教育程度的人在美国的收入高于在中国的收入的第二个原因，是美国存在大量高报酬的工作，这些工作主要分布在高科技领域、金融领域，以及像律师、医生这样的高端服务业。

记得当克林顿政府的劳工部部长雷奇说要给美国人创造高薪工作时，克鲁格曼马上在他的专栏里说，根本就没有"高薪工作"，因为薪水是由个人的教育水平和工作经验决定的，而不是由工作决定的。但是，克鲁格曼在这里没有弄清楚"鸡"和"蛋"的关系。对雷奇来说，高薪工作是"蛋"，有了这枚"蛋"，我们就会看到人们提高教育水平或者继续学习这只"鸡"。

克鲁格曼等于是认为，不需要高薪工作这枚"蛋"，人们自然会去提高教育水平和工作经验，但这不符合经济学直觉。正是因为在高科技和金融领域的领先地位，美国才出现了过去十几年的高速经济增长。这些领域吸收了大量的大学毕业生，从而对低端产业的劳动力供给产生压力，迫使它们提高工资。换言之，美国低效行业的高工资是由少数高效行业的高工资带动起来的。

在很多语境里，低收入阶层和高收入阶层往往被摆在对立的位置，似乎一方的所得必定要以另一方的所失为代价。美国的例子至少可以让我们停下来，理性思考一下市场中各方利益相辅相成的关系。

有选择放开一胎政策：从纽约的复苏想到的

《南方周末》，2008 年 1 月 31 日，C19 原富版，
《经济镜像》栏目

所有发达国家经济增长最快的时期都是它们的人口比较年轻的时候。中国现在要想办法避免未来 15 ～ 20 年即将到来的劳动力短缺。

纽约的持续繁荣得益于数以百万计的移民

1994 年我们一家第一次开车去纽约。对我们这样习惯了威斯康星州缓慢节奏的人来说，纽约太大、太嘈杂了。车一出林肯隧道，只见无数的车辆如水银泻地般涌向各个方向。我们的车被车流裹挟着，过了一条又一条街，彻底迷失了方向。

那时的纽约是犯罪、混乱和萧条的代名词，中产阶级纷纷逃离，扔下一幢幢空楼，任其破败。曼哈顿上城的哈林姆是黑人聚

集区，受到的打击更是严重，整个整个的街区被遗弃。监狱里人满为患，政府甚至把哈林姆的一幢楼房改造成了监狱，而且还有人提议把旁边的一座小公园一并纳入，建一座大型监狱。曼哈顿下城的情况也好不了多少，许多工人住宅成了无人居住的鬼屋。

十几年之后，纽约完全变了样，经济蓬勃发展，人口大增，房地产价格上涨近 10 倍。就连哈林姆也复苏了。原来的监狱还原为了住宅，每套房子的价格都超过 100 万美元。希拉里·克林顿把她的议员办公室选在了哈林姆，更增强了人们对这一地区的信心。人们都说，哈林姆在经历第二次复兴（第一次是 20 世纪 20 年代黑人音乐的兴起）。高涨的房价正在让纽约经历"绅士化"过程，穷人被远远地赶出了纽约。

纽约能够有今天，首先和美国经济的复苏有关。20 世纪 70 年代的两次石油危机动摇了美国的全球霸主地位，而日本的兴起更是让美国经济举步维艰，80 年代是战后美国最为困难的年代。到了 90 年代中期，随着新经济的兴起，美国经济开始了新一轮强劲的增长。纽约的复苏在很大程度上是搭了美国经济复苏的便车。

当然，纽约能有今天的祥和气氛，朱里安尼功不可没。在任纽约市市长期间，他大大加强了警力，把罪犯从街道上清理出去，并用高额的福利把他们养在家里。

但是，纽约的持续繁荣，更得益于数以百万计的移民。

纽约下城和皇后区的法拉盛有两个唐人街，以前是老一代华人的聚集区。现在，法拉盛的唐人街基本上换成了中国大陆来的新移民，他们大都有较高的学历，在美国属于中产阶级。随着人口结构的变化，法拉盛的唐人街面貌也大变，就连以前一向亲国民党的《世界日报》也开始倒向中国大陆。

曼哈顿下城则涌入了大批移民。这些人往往只能在八人一间的小屋子里租一张床，而且每八小时要换一拨人。以往废弃的工人住宅重新启用了，重现了19世纪末家庭制衣车间的景象：从冒着白色水汽的窗户可以判断出，这些房子既是住宅，也是成衣加工车间。移民让纽约找回了往日的活力。

事实上，整个美国也得益于大量移民的涌入。当其他发达国家在为人口下降而担忧的时候，美国却保持着近乎发展中国家的人口增长率，这主要是因为年轻移民的涌入。

在任何一家公司里，中国人、印度人和东欧人都是技术骨干。许多朋友告诉我，他们的研究小组中百分之七八十的人是中国人。最近，威斯康星大学的一个实验室成功地用人体皮肤细胞培养出了干细胞，主要实验负责人就是一位从中国来的华人学者。可以说，没有大量年轻和高学历移民的涌入，美国不可能保持世界技术的领先地位。

有选择放开一胎政策

把眼光再放远一些，我们会发现，所有发达国家经济增长最快的时期都是它们的人口比较年轻的时期。

人口学和发展经济学里有一个术语，叫人口红利，指的就是伴随年轻人口而来的好处。最直接的好处当然是养老负担比较低。深圳是中国最年轻的城市，直到今天拿退休金的人口数量也是微乎其微。更重要的好处是年轻人口可以提供更多的劳动力和更多的储蓄，而两者都是经济高速增长的主要动因。

年轻人口之所以有利于经济增长，也许更重要的是因为年轻人比老年人具有更高涨的创新欲望和创新能力。老年人守成，这是亘古不变的规律，即使他们能创新，其能力也在年轻人之下。这是自然规律。

按照中国和美国现在的人口老化速度，中国将在 2030 ～ 2040 年超过美国的人口老化程度。在未来的 15 ～ 20 年，中国将面临劳动力紧缺。

但是，我们还必须注意到一个难题，即有些地区"未发展先老"。这里的"未发展"是指未充分、全面地发展，"发展"是指一个比收入更广义的概念，既包括工业化和城市化，也包括教育和健康水平的提高。

中国的"未发展"主要体现在城乡差别上。人的生育观念受收入、机会、社会地位、眼界、教育水平等诸多因素的影响。在城市里，生一个孩子或者不生孩子已经成为潮流，就连那些政策上允许生两个孩子的双独生子女家庭也往往选择生一个甚至不生。相反，在农村地区生两个甚至更多孩子仍然是主流观念。因此，放开人口政策的一个后果可能是，多生的孩子将大部分来自农村，而且，越边远的地方，生育率会越高。

我们可否把目前允许双独生子女夫妇生两胎的政策，扩大到允许独生子女夫妇生两胎？这个政策既扩大了两胎的范围，同时也鼓励城乡以及发达地区与不发达地区居民之间的融合。由于目前全国有 1.4 亿农村居民在城市打工，而他们中的多数是年轻人，这种融合的机会是存在的。

穷人比富人更需要公共政策

《南方周末》，2007 年 10 月 25 日，C19 原富版，
《经济镜像》栏目

　　在上次的文章中，我谈了美国的物价。文章发表之后一些读者来信，对"美国的物价为什么这么低？"仍然有疑问。接到这些读者的来信之后，我意识到我在文章中没有把意思表达清楚，因此有必要澄清一下。

　　美国不是样样东西都便宜。我想说的是，可贸易品是便宜的，而不可贸易品并不便宜。可贸易品便宜，是因为它们可以由别国生产，其价格取决于生产成本最低的国家的劳动力、土地和其他生产投入品的价格；不可贸易品贵，是因为它们必须在美国生产，从而受美国较高工资和其他生产投入品价格的限制。因此，美国的物价低，主要得益于它的自由贸易政策。倘若美国对进口物品征收很高的关税，则它的可贸易品价格就不会像现在这样低。

从自由贸易中受益最多的是美国的中低收入阶层。沃尔玛近些年在美国各地大肆扩张，目标是让每个人在 25 英里[⊖]内可以找到一家沃尔玛店。显然，这种扩张对中低收入者有好处，因为它一来让他们可以方便地买到便宜的东西，二来也为他们提供了就业机会。但是，并不是所有人都喜欢沃尔玛。沃尔玛所到之处，中小商业纷纷倒闭，交通流量增加，破坏了过去宁静的生活格调。对高收入者而言，这是一种倒退，而不是改善生活质量所必须付出的代价。事实上，多数高收入者把到沃尔玛去买东西当作一种有失体面的事情。

在美国，尽管每次共和党上台都要给富人减税，但总体而言，穷人仍然是公共政策的最大受益者。

和在其他美国城市一样，伊萨卡居民的房前屋后都有草坪。这当然和美国土地相对丰裕有关，和美国人后天努力的关系不大。但是，和在美国其他地方一样，伊萨卡周围有不少州政府拥有的公园，免费向任何人开放。这却是和美国人的努力有关的——或者更确切地说，和政府的努力有关。

与此相似的是基础设施，纽约州北部是由几个形似手指的湖泊分割成的峡谷和丘陵相间的地区，交通原本不便。但是摊开地图就会发现，这里的高速公路和普通公路组成了高密度的路网，高速公路如同主动脉，而数不清的普通公路就像大大小小的其他各类血管，遍布每个角落。这样高密度的路网让许多

⊖ 1 英里 =1609.344 米。

人可以逃离闹市，住在人迹罕至的田野或者森林里，而无须担心交通问题。

另外，90% 以上的美国人有医疗保险。尽管大部分的医疗保险资金来自他们的工作，但政府仍然投入大量的资金，以保证穷人和老人能享受到医疗服务。尽管美国是发达国家中最相信自由市场的，但它仍然拥有强大的社会救助体系，以保障低收入者的生活质量。其中一项措施是给穷人发放食品券。美国几乎每个州都征收销售税，但食品是免税的，这当然是对穷人比对富人更有好处，因为食品支出占穷人总支出的比例远高于占富人总支出的比例。所有这些好处对个人来说都是免费的，对穷人而言，它们在他们的生活质量构成中所占的比例很高。

但是，对全社会而言，这些好处却不是免费的，而是需要政府来负担。政府的钱从哪里来？当然是税收。在世界任何地方，富人交的税总是多于穷人，因此，政府在提供这些"免费"好处的时候，是在进行收入再分配。发达国家的政府税收占国民生产总值的比例都在 30% 以上，北欧国家更高达 60%。可以这么说，一个国家越发达，则居民的生活质量就越依赖于公共资源。

美国在这方面还不是最典型的。2002 年春天我在新潟日本国际大学教书，对新潟公共投资感触很深。新潟冬天不仅长，而且雪非常大；一个冬天下来，田野里的积雪可以厚达一人多高。20 世纪 70 年代以前，新潟居民在冬天里基本无法出门。

田中角荣是新潟南鱼沼人，20世纪60年代他竞选议员的口号是："让每个新潟人在冬天穿着木屐出门。"这个梦想在他担任首相之后实现了。我到新潟之后发现，即使是大雪天，每条道路上都没有积雪。问了同事才知道，新潟政府在每条路的下面都安装了一根热水管，一旦下雪，这些热水管的喷头就开始向地面喷热水，把雪融化掉。这是我所看到的最先进的除雪技术。新潟属于日本的落后地区，它的政府财政需要其他地方的补贴。

在任何地方，穷人都比富人更依赖当地资源，道理很简单，富人的财富让他们拥有更大的移动空间。有的城市环境很差，但富人们每年都可以到山清水秀的地方去住一段时间；一个村子里的小学很差，但富裕人家总是可以把孩子送到城里去上学；一个地方的路不好，富裕人家就可以选择在城里买幢房子；等等。政府的公共投资，更有利于穷人而不是富人。可是，富人为什么要答应这种安排呢？看一下北欧也许能给我们一个答案。

当美国经理们的工资是一般雇员的几十甚至上百倍的时候，北欧的经理们只比一般雇员多挣四五倍的收入，但他们却很坦然。尽管英美学者和媒体在过去的几十年里一直在预测北欧模式的终结，但是，北欧模式非但没有终结，相反，北欧各国的经济一直有着骄人的表现，在信息技术领域更是占据一定的领先地位。对社会共同体的认同是北欧模式得以维持下来的主要原因之一。

对强调集体主义的中国来说，认同社会共同体似乎不是一件难事，但现实似乎不容乐观。今年春天在上海开会，有学者认为新农村建设完全是浪费资金，还不如将这些资金投到沿海发达地区促进经济增长。上海当年建浦东陆家嘴的花园花了 15 亿元，可是，我们的学者中却没有一个人站出来说那是浪费。新农村建设明明是补过去 30 年对农村投入不足的欠账，却有人说是"浪费"。这值得我们深思。

环保关乎公平

《南方周末》，2007 年 7 月 26 日，C19 观点版，

《经济镜像》栏目

　　罗纳德·科斯今年 97 岁了，是在世的诺贝尔经济学奖获得者中最年长的，听说他仍然在张罗一个有关中国的学术会议。在科斯的学术贡献中，当数"科斯定理"最为著名，它不仅被主流经济学所接受，而且在现实中特别是环境经济学领域得到广泛应用。这个定理说的是，在市场不存在的地方，如果谈判等额外成本（科斯称之为交易成本）为零，则交易双方通过自由谈判也可以得到对社会有利的结果。

　　举例来说，一家工厂一年给社会创造的增加值为 1000 万元，但同时又因为排污给周围居民造成了 500 万元的损失，即它给社会创造的净价值是 500 万元。从经济收益的角度来说，维持这家工厂的生产对全社会是有利的。但是，居民的利益和工厂的利益之间是有冲突的。科斯之前的经济学家给出的标准

政策建议，是由国家授予工厂排污的权利，以保证社会净产出的最大化。科斯定理的创新在于，它认为国家在这里是没有必要介入的，私人（在这里，即工厂和居民）之间的自愿谈判可以达到社会净产出的最大化，究竟谁拥有权利——是工厂拥有排污的权利，还是居民拥有不被污染的权利——是不重要的。

其中的道理很简单。如果工厂拥有排污的权利，则工厂自然会继续生产，社会净产出最大。如果居民拥有不被污染的权利，则工厂可以向居民支付比 500 万元略多的补偿，居民得到大于零的净收益，工厂也得到近 500 万元的净剩余，工厂接着生产，居民容忍污染，皆大欢喜。这样，尽管不存在一个污染权的交易市场，但私人之间的谈判创造了一个模拟的市场，并得到了市场应有的结果，即社会净产出的最大化。

但是，要把科斯定理真正用到环境政策上来，还必须引进"潜在补偿"这个概念。在现实中，科斯式的私人谈判不容易发生，主要原因是谈判是有成本的，而且可能极其高昂。比如，在上面的例子中，受工厂排污之苦的居民的人数可能很多，如果他们拥有不受污染的权利，则工厂就必须和每个居民进行谈判，其成本之高，足以让工厂望而却步。此时，政府的介入就是必要的。但是，即使是政府也可能无法克服成本问题。一个可能的情况是，居民受污染之苦的程度不同，因此会要求不同程度的补偿，此时政府就会面临如何分配污染补偿的棘手问题。

在现实中，政府能做的，是向工厂征收一定数量的（比如，等于排污造成的损失额的）惩罚性税收，把它收入国库统一支配。只要工厂所生产的附加值大于污染所造成的损失，工厂就可以通过"潜在补偿"的检验。这实际上让我们回到了科斯定理的起点，即只要社会净产出大于零，允许工厂排污就是社会最优的。

科斯定理所做的，是为这一观念找到了一个"微观"基础，就如福利经济学第二定理为经济最优所做的那样。这个定理说的是，任何社会最优的经济结果都可以通过完全竞争市场实现。科斯定理就像这个定理在没有市场条件下的平行定理，即任何社会最优结果都可以通过私人间的谈判实现。换言之，正像福利经济学第二定理给"经济最优"披上了市场这件貌似合理的外衣一样，科斯定理也给"社会最优"披上了私人谈判这件合理的外衣。

可惜，这件外衣并不能包裹住"社会最优"的身子。正如我们可以追问市场结果的公平性一样，我们也可以追问"潜在补偿"的公平性，而且，后者的问题可能远比前者严重得多。以动态的眼光观之，市场在给一部分人带来好处的时候，至少不会给其他人带来坏处；在长期，市场的规模效应将创造需求和工作机会，从而多多少少让所有人受益。另外，对于特定的恶意交易，处于不利地位的一方至少有权选择不交易。但是，环境污染的受害者没有这种选择机会——当一家工厂向空气中排放废气的时候，周围居民只能被动接受。从这个意义上讲，以环境为代价的经济增长是以一部分人盘剥另一部分人为基础的，从而它的公平性就值得讨论。

也许有人会说，当前的增长虽然会降低一部分人的福利，但就长期而言，经济增长总会给这些人带来好处，比如给他们提供就业、更好的道路设施、更好的医院，等等。但是，问题在于，这些人可能无法等到"长期"的到来，因为他们当前的生计已经因污染而无法维持下去了。像松花江和太湖的污染让几百万人无法得到正常饮水供应这种大型环境污染事件可能少见，但慢性的水污染却不少见。一座工厂"杀死"一条河流这样的事情并不是耸人听闻，而且，一些污染（如对地下水的污染）可能是无法逆转的，从而让居民彻底失去"未来"。

芝加哥大学经济学家、诺贝尔经济学奖获得者加里·贝克曾经为《财经》杂志撰文，批评世界银行前首席经济学家尼古拉斯·斯特恩近期的一份有关全球变暖的报告，认为斯特恩没有对未来收益进行折现是不对的。贝克的理由是，人类的技术创新意味着未来的人类将掌握比我们这代人所掌握的更好的生产技术，他们将能够更有效地治理环境，因此，我们少关心未来人类的福利（对其进行折现）是正确的。他的结论自然是，我们今天为了经济增长而部分容忍环境破坏是值得的。

这个结论背后隐含的假设，是我们这一代人能够以环境为代价获得正的净收益。但这不是一个不证自明的假设。即使对全国来说它可能是成立的，我们也要问一下，由此得到的收益是如何分配的，而由此带来的环境损失又是由谁来负担的。看一下全国的情况就会发现，收益和成本的分布是极不对称的。一个典型的例子是，某些地方的煤老板们个个腰缠万贯，但当地的农民仍然很穷，而且还要面对采空后的土体坍塌等问题。

科斯定理在环境问题上是不适用的。是给工厂排污的权利，还是给居民不被污染的权利，关乎发展的公平性。当国家默认工厂有排污的权利时，经济增长就是一部分人对另一部分人的盘剥。必须意识到的是，在工厂建立之前，这个世界原本是洁净的，因此我们每个人自然地拥有了不受污染的权利。工厂排污是对我们权利的侵害，因此是不公平的。我们是一个社会主义国家，经济增长不是目的，而只是手段；真正的目的，是每个人平等的发展。以环境为代价的经济增长违背了这一根本目的，因此必须予以纠正。

APPENDIX

附录 E

用两条腿走路

《南方周末》，2007 年 6 月 28 日，C19 观点版，
《经济镜像》栏目

曾几何时，出口还是中国换取外汇、引进技术和设备的重要手段，可是今天，我们却要为 1 万多亿美元的外汇储备发愁。太多的储备增加了人民币升值的压力，而人民币升值会抬高我们出口产品的美元价格，从而不利于中国经济的稳定增长。同时，巨大的外汇储备增加了国内的通货膨胀压力，不利于中国宏观经济的平稳运行。由于大部分外汇储备是由出口盈余累积而成的，许多人因此认为应减少我国的出口。

另外一个赞成减少出口的原因，是中国的出口产品集中在低附加值的劳动密集型产品上，我们出口越多，越是受其他国家的剥削。另外，三资企业出口占我国总出口额的 60% 左右，因此出口更多的是服务于外国资本。

然而，这种看似有理的说法，实则似是而非。20世纪90年代初我刚到美国读书时，见到的中国产品还比较少，等到我1996年底离开美国时，到处都是中国产品了。我为此而骄傲。

那些认为中国在被外国剥削的人，一定也是同情弱者，特别是那些在出口加工厂里打工的打工仔、打工妹的。可是，他们没有想到，减少出口，受打击最大的，正是他们要关心的打工仔、打工妹。这些人是最脆弱的，出口下降，他们就会失业。亚洲金融危机之后，许多出口企业被迫关门，几百万工人失去工作，不得不回到农村去。出口工厂的工资的确不高，但2006年全国农村人均年纯收入是3500元左右，而进工厂打工至少可以挣七八千元，更何况许多年轻人出来打工只是为了减少家里一张吃饭的嘴而已。

认为中国出口太多的第三个理由，是中国会被锁定在劳动密集型产品的出口上，从而永远不可能在技术上赶上发达国家。从经济理论的角度来看，这个理由比前两个理由更具有说服力。但是，要说清楚这一点，我们必须后退一步，讨论一下为什么中国的大部分出口产品是劳动密集型的。这就涉及所谓的比较优势理论。

这个理论是大卫·李嘉图在19世纪初最先提出来的，它说的是，一个国家应该生产具有相对成本优势的产品。比如，美国在汽车和玩具方面都具有比中国更高的劳动生产率，但在汽车方面的优势更明显。按照绝对技术优势，美国应该同时生产汽车和玩具，但是，考虑到中国工人的工资低于美国工人的工资，美国在汽车方面的相对成本（相当于工资和劳动生产率的比值）低于中国，而在技术优势不明显的玩具方面高于中国，因此，美国应该生产汽车，而中国应该生产玩具。

这个理论的一个推论是，一个国家应该出口更多地使用相对较为便宜的要素投入的产品。比如，中国的人力资源相对于资本在世界上是较为便宜的，因此中国应该出口劳动密集型的低技术产品。事实上，比较优势理论在经济学家中如此深入人心，以至于著名经济学家保罗·克鲁格曼声称，是否相信比较优势理论，是区分经济学家和非经济学家的标志。

那么，遵循比较优势如何会让中国锁定在低端产品的出口上呢？让我们做个思想实验，考虑中国和美国的情形。假设美国是技术的领导者，即高新技术源自美国，而中国是技术的跟随者，可以无代价地获得技术。那么，根据比较优势理论，中国应该出口低技术产品，美国应该出口高技术产品。我们的问题是，随着美国在高端技术方面的创新，中国在产品技术等级上能否缩小和美国的差距？

当美国开发高端技术产品时，它的劳动力成本会上升，因此会让出一部分低端产品给中国生产。但是，这可能不足以让中国的产品追赶上来，原因在于：中国生产了更多的产品，会提高工人工资，而且，由于美国新发展的高端产品所需要的劳动力数量低于它让出的低端产品所需要的劳动力数量,中国工资的增长速度会高于美国。因此,仅仅按照比较优势来生产,中国不可能在技术上赶上美国。

然而,中国在过去30年的实践并非如此。在20世纪80年代,我国的大宗出口商品除纺织品外,就是像石油这样的资源密集型产品;到了90年代,工业制成品的比重迅速增加;进入21世纪,电子产品也成为出口的重点。研究表明,我们的出口产品的技术含量远高于同等收入的其他国家出口产品的技术含量,高出的比例达到40%以上。这说明中国的出口并没有遵循比较优势理论,而是具有很强的赶超特征。

这里的一个问题当然是,由于60%的出口是由三资企业完成的,中国出口产品的赶超是否就代表了中国本土企业的技术赶超?我们最近的一项研究表明,本土企业的出口产品的技术水平的确低于三资企业,但是,它的增长速度高于三资企业,因此我们可以预期,本土企业出口产品的技术水平会赶上三资企业。

另外,我们还必须注意到,三资企业出口产品的技术水平提升本身也具有重大意义。三资企业主要从事出口加工业,而出口加工业一向被认为是限制中国出口产品技术提升的罪魁祸首。的确,在出口加工业发展的早期阶段,关键性零部件都以进口为主,但是,广东省的经验表明,经过一定阶段之后,企业会更多地使用本土生产的零部件,原因是本土企业经过学习提高了产品的质量。出口加工业早期对进口零部件的依赖相当于我们付出的学习成本。

那么，是什么因素促使中国在出口方面实现了技术追赶呢？中国强大的制造业基础功不可没。虽然改革开放之前我们走了一些弯路，但通过优先发展重工业却建立了在发展中国家中骄人的制造业基础。在 1991 年出国学习之前，我在西安一家生产输变电设备的大型国有企业工作了两年。这家企业是苏联援建的 156 个大型企业之一，高峰时期曾经拥有 11 家工厂和 7 家研究所，职工达 3 万余人。进入 20 世纪 90 年代后期，企业职工规模锐减至 1.2 万人，但至今仍然是中国成套输变电设备制造业的龙头企业。

尽管我们无须走计划经济时代的老路，但是，计划经济时代给我们的启示还是可以汲取的，即我们可以通过一定的资源动员实现跨越性的发展。改革开放近 30 年给我们打下的基础允许我们用两条腿走路：一方面，我们可以利用在人力资源方面的比较优势，通过劳动密集型产品的出口积累资金；另一方面，我们可以集中资金进行高技术的开发，提升我们出口产品的技术含量。

中国是一个大国，沿海地区的收入水平已经进入中等收入国家之列，而内陆地区还相对比较落后。这种不平衡尽管带来了一系列问题，但同时也为我们用两条腿走路提供了条件。

　　劳动密集型出口始于沿海地区，现在已经开始向内陆扩散，而沿海地区以及内陆的一些城市开始了产业升级。世界经济的发展符合雁行模式，即较高技术的产业不断由较发达国家向较不发达国家转移。中国经济的发展也符合雁行模式，产业发展正在形成由沿海向内地的梯度转移。在可以预见的未来，这一模式还将持续下去。

一个人的成长不取决于年龄，而取决于心态。我们应该拥抱这个时代。坚持学习是终身最重要的事。人就是要在不断学习中成长，从书本上学，从实践中学。姚洋教授的这本《经济学的意义》能培养人的批判性思维和独立思考能力，教会我们用经济学的视角看待这个社会，懂得经济学这门"经世济民"的学问。

董明珠
格力电器董事长兼总裁

姚洋教授的这本《经济学的意义》写得很有意思，不枯燥。把边际思维、机会成本、帕累托最优这些看起来比较严肃的经济学概念，用身边的例子给你讲明白，帮助你建立起分析问题的思维框架。没有学过经济学的人，读了这本书，一定会有一种豁然开朗的感觉。

冯　仑

万通集团创始人

御风集团董事长

姚洋教授治学严谨，心怀天下。他举重若轻地将经济学知识娓娓道来，让普通大众也能学会用经济学的视角来理解世界，理解社会运行的方式。上达国家政策，下至柴米油盐，学习经济学能让你轻松看透事物的本质。

管清友

如是金融研究院院长

姚洋老师说他以前没有想过要写一本经济学通俗读物。我以前也没有想过会为一本经济学通俗读物写推荐语，但我愿意为姚洋老师写。姚洋老师的求学履历、研究经历、工作阅历都不同凡响。他可以在象牙塔里做学问，也可以在田野里抡泥巴，还可以在庙堂里议经纬。他在研究、教学、行政工作、社会活动的繁忙之余还潜心写了这样一本经济学通俗读物。此书值得一读，因为姚洋老师这样的学者对自己的羽毛很珍惜。

经济学是什么，很难说清楚，更难用简单通俗的话说清楚。首先，经济的含义太丰富，有经济舱与头等舱的经济，有经世济民的经济，有经济基础决定上层建筑的经济，有与政治二元对立的经济，有经济作物的经济，有经济形势好不好的经济。其次，经济学枝繁叶茂，例如，有宏观经济学、微观经济学、计量经济学、发展经济学、政治经济学、产业经济学、技术经济学、艺术经济学、劳动经济学、农业经济学、交通经济学、区域经济学、国际经济学、制度经济学、教育经济学、文化经济学等，令人眼花缭乱。还好，有姚洋老师愿意为未学者、初学者甚至已学者答疑解惑。

以后有人问我什么是经济学，我一定说：读姚洋老师的《经济学的意义》去。尽管姚洋老师在书中还介绍了五本经济学通俗读物，但我建议大家看他的这一本就够了。

何志毅
清华大学全球产业研究院首席专家
（曾任北京大学光华管理学院教授、博士生导师）

经济学是一门经世济民的学问，但面对现实问题却经常表现出无力感。《经济学的意义》不但以通俗易懂的笔法阐释了这门独特的社会科学的内涵、定位、方法和演变，还清晰地说明了经济学能做什么和不能做什么。

黄益平
北京大学国家发展研究院副院长、金光讲席教授
北京大学数字金融研究中心主任

姚洋教授用生动的案例和故事，深入浅出地介绍了经济学基本原理，展示了经济学独特的思维方式和方法论，分析了经济学相对于其他社会学科的特点和优势。书中关于中国经济的论述体现了最前沿的中国经济研究成果，有助于读者提升对经济学和中国经济的认识水平。

梁建章
携程集团联合创始人、董事局主席

经济学是用来干什么的？姚洋老师在他的书里告诉我们，经济学不是束之高阁的晦涩理论，也不是直接教人怎么赚钱的生意经。经济学是用来解释世界、为理解经济现象提供深刻洞见的一门学问。这门学问对我们每个人来说都非常重要。学习经济学，不仅能提升我们对事物的判断力，还能让我们体会到思维的快乐。

刘 润
润米咨询创始人

一直以来大家都对经济学有深深的误解，认为经济学就是帮大家赚钱的学问，以至于很多人总是让经济学家预测股市、预测楼市。其实经济学家和投资者完全处于两个不同的行业（领域），在这本书里姚洋老师很好地阐述了经济学到底是做什么的。我们学习经济学的目的，其实是提升自己的思维能力，从而更好地面对每一次重大的人生选择。在某种意义上，选择比努力更重要，经济学其实就是一门关于如何选择的学问。

齐俊杰

齐家私募基金管理（海南）有限公司董事长

　　经济学已经成为社会科学中的显学，学习经济学也已经成为一种社会现象，那么经济学是研究什么的？有什么意义？能帮你看清经济规律吗？能帮你买房炒股吗？经济学研究分为公共政策研究、学术研究和商业研究三个方向，分别承担解决、解释、预测三个使命。姚洋教授有非常深厚的经济学造诣，而且长期在北京大学从事教研一线工作，这些年在业内拥有广泛声誉。他的《经济学的意义》的出版对经济学的普及是一件非常有益的事情，这本书值得阅读。

任泽平

泽平宏观创始人

中国民营经济研究会副会长

　　经济学是一门研究人的经济行为的学科。学习经济学知识，能够锻炼我们的逻辑思维能力，帮助我们理解经济现象、判断经济大势。姚洋教授学术造诣深厚，他的这本《经济学的意义》写得通俗易懂，对初入社会的年轻人或初创企业的创始人极为有用。

宋志平

中国上市公司协会会长

中国企业改革与发展研究会会长

在我们这个时代，很多人非常关心经济大潮的涨落。很多人热衷于在各种场合谈论经济热点话题，却未必能真正理解那些"反直觉"的规律。姚洋教授写作《经济学的意义》一书，正在于澄清复杂的经济学概念和经济现象，建立基本的认知框架，使之不再游离于意义的边界之外。

吴晓波
财经作家
890 新商学创始人

姚洋老师是不带成见的学者，他不隶属于单个学派。他只是独立探索，独立判断，然后直言不讳，娓娓道来。在《经济学的意义》中，姚老师分享了他"学经济学"的经历，"做经济学研究"的故事，以及"品经济学"的论断。《经济学的意义》应该成为经济学人的长期伴侣，它会让学习者开窍，也会让从业者反思。我是姚老师多年的同事，面向读者的姚老师，比办公室里的那位有趣多了。

薛兆丰
经济学者
（曾任北京大学国家发展研究院教授）

我一直以为，经济学如果只有大学生能学懂，是没有意义的；同样，经济学家写出来的东西如果只有专家能够读懂，也是没有意义的。通过生动、易懂的语言，让普通人理解经济学的意义和规律，并且将其应用到自己的日常生活中去，指导生活，提高生活质量，才是经济学家应该做的事情。姚洋的这本书，让经济学变得亲切，很像是王谢堂前燕，飞入百姓家。

俞敏洪
新东方创始人、董事长

大多数人一听到"经济学"三个字，首先想到的就是晦涩难懂的经济学理论。其实，经济学是人人都能用得上的一门学问，每个人在一生中都免不了要做各种各样的决策，如果你学会了用经济学的思维方式分析问题，就能突破自己的认知局限，找到更优的解决方案。北京大学经济学家姚洋教授用《经济学的意义》给普通读者上了一堂生动的经济学入门课，我把这本书推荐给各层级管理者和职场人士，培养经济学思维有助于我们重新认识这个世界。

张丽俊
创业酵母创始人
知名组织创新专家
《组织的力量》作者

姚洋院长是我非常敬佩的一位经济学家，也是一位非常有责任感的经济学家。他的文章言之有物、鞭辟入里，令人深受启发。在新书《经济学的意义》中，他把经济学的重要概念和来龙去脉向读者娓娓道来，让读者可以快速构建起经济学的思维体系。作为经济学专业曾经的学生，我认为这本书对于年轻的读者有着非凡的意义。

张文中
物美集团创始人
多点 DMALL 创始人

（按推荐者姓名音序排列）

历史、经济与天文是目前我觉得最有趣的三个学科，它们分别侧重人类的昨天、今天与明天。了解经济学未必能让人发财致富，却一定有助于看清世界。姚洋老师视野开阔，专业精深，是大家了解经济学的好向导，本书即是优质例证。

陈　为

正和岛总编辑

在"富起来""强起来"的时代大潮中，中国民众对经济学充满了渴求。姚洋教授的新著《经济学的意义》专业而易懂，有趣又解惑，无疑是经济学大普及的一部佳作。

符永康

中国新闻网副总裁

中新经纬总编辑

这是一本接地气、读得懂的经济学启蒙好书，字里行间散发着姚洋教授作为一名经济学家的情怀和责任感。经济学不仅对理论探索和政策研究有益，也能帮助我们改变偏识，提升理性，丰富自我，成为更完整的人。

傅　丹

中央电视台财经频道《中国经济大讲堂》副制片人

2008 年，我自南京北上，在当时的《新京报》从事评论工作。为了提高作为一名评论员的"自我修养"，我每周会趁着休息的时间，穿越大半个北京城去北京大学做"旁听生"，重点是学习经济学和法律，其中经济学方面就听过姚洋老师不少的课，印象深刻。姚洋老师真诚而随和，睿智而坚定。当经济学已经成为不可忽视的"显学"时，让普通人能够借助经济学的专业知识丰富"思维工具箱"，在"理性假设"与"真实世界"之间寻找"认知平衡点"，通过发展经济学的视角去重新理解"发展"中的种种现象，我想，这应该就是"经济学的意义"，至少于我而言，是非常重要的一部分。

高明勇

政邦智库理事长

资深评论人

在《经济学的意义》中，姚洋教授试图用通俗的语言阐明经济学在复杂现实世界中的应用价值。这本书非常适合读者在踏上学习经济学之路前正本清源：经济学培养的首先是一种理性看待社会运行的思维逻辑。

高　昱

财新传媒常务副主编

中国进行改革开放和社会主义市场经济建设虽然已经几十年了，但经济学仍然需要在更大范围内进行普及，从而建立更多常识认知和共识。作为熟悉国内外经济形势且深耕经济学研究多年的资深经济学家，姚洋教授在《经济学的意义》这本书中所串讲的经济学基本概念、分析方法、发展脉络和现实意义，既通俗易懂，又大有深意，值得所有对经济学感兴趣的读者作为入门读物来读，从而触及经济学宏大而复杂的内容框架，不断学以致用。

何　刚

《财经》杂志主编

《哈佛商业评论》中文版主编

经济学的意义是什么？这是一个貌似简单，其实不易回答的问题。经济学看起来无所不在，无处不发挥作用，但似乎又没什么具体用途。一流的经济学家搞投资也会赔钱，做管理也会低效。姚洋教授的新作《经济学的意义》很好地回答了这个问题，指出了经济学家的主要工作是理解和解释现实。理解和解释，虽然不是直接参与现实，但恰恰是"无用之大用"。我们看到，大量的行为之所以偏离了本质，就是因为急于行动，忽略甚至无视了"理解和解释"。

何伊凡
《中国企业家》杂志副总编辑

"大家"只说家常话，姚洋老师的这本《经济学的意义》深入浅出，从人性的底层逻辑出发，立体式观察多元的社会现象，让我们轻轻松松读懂生活，让我们在纷繁复杂的世界中面对那些接踵而至的没有标准答案的难题时，能够有"法"可依，有"道"可循。通过最经济的投入得到最适合的收获，这就是经济学的魅力！

李曼为
中央广播电视总台财经节目中心

姚洋教授是我非常敬佩的一位老师，一方面是因为他能把深刻的经济学道理用浅显易懂的方式表达出来，这来自他的术业专攻；另一方面，他愿意为百姓发声，这可能来自他作为一名经济学家的社会责任感——他在本书中也提到，经济学确实有"经世济民"之效。我非常认同姚洋教授在本书中的建议，在高中教育阶段增加社会学科的基础教育，这对国家的稳定和和谐极有助益。姚洋教授不仅在本书中讲述了经济学的意义，也身体力行了一名经济学家的责任担当。

梁　斌
新浪财经主编

经济学发展百年，其现实意义一直被各界所探究。从摇篮到坟墓，人类的经济活动无处不在，经济学原理无所不及，因此有人形容"生活就是经济学的实验室"。姚洋教授担任北京大学国家发展研究院院长，还在经济学领域教书育人，用经济学原理为经济政策和百姓生活发声。他的这本《经济学的意义》不仅为我们解开了疑惑，也启迪我们用经济学的思维方式理解世界、理性决策、与时代相向而行，是一本难得的启蒙好书，展现了经济学的魅力。

刘　娟
新华网副总编辑、高级记者
中国新闻奖一等奖获得者

对在巨大不确定性中积极寻找确定性的读者来说，姚洋老师的《经济学的意义》是阅读的首选。如果你想从繁杂的世界中以及争吵声不断的经济学家圈里寻找到一本最具确定性的书，想只通过一本书了解经济学究竟是做什么的，经济学家是如何思考的，经济学是如何影响世界的，那么，建议你选择本书。

齐栋梁
新经济学家智库创始人

作为财经媒体从业者，我阅读《经济学的意义》这本书，不仅感觉其文本表达流畅活泼、案例刻画深入浅出，同时也对目前所从事的财经新闻报道有了更深的理解。作为经济学启蒙读物,《经济学的意义》不仅有助于经济学门外汉更好地了解经济运行规律,也适合经济学从业者在理解和解释现实时参考。

王全宝

财联社副总编辑

这本书不仅是对经济学大厦清晰、实用的导览,更蕴含了姚洋教授独特的气质:身为大转型时代的中国经济学人,心心念念于研究中国问题,回应时代之问。

文　钊

《经济观察报》执行总编辑

本书读来流畅有趣、简洁易懂。它不仅向我们阐释了经济学的内涵和边界,同时也给我们构建了一个经济学的基本认知框架,可以帮助我们深入理解经济学的基本要义。它还可以帮助我们从实践到理论去认知经济学,又从理论到实践去指导我们理解日常生活中的经济学,精彩绝伦,值得一读。

晏　成

搜狐副总编辑

姚洋教授这部新作深入浅出地讲解了经济学的基本问题。与市面上其他经济学启蒙读物不同的是:第一,这部新作对日常很多被大众误读已久的经济学概念及原理的意义进行了纠偏,语言通俗且案例丰富，利于大众准确理解经济学的真正内涵；第二，这部新作更重要的意义在于，并未把定位局限于普及经济学知识，而是致力于向大众传授经济学的思维方法，这些方法可以运用到学习、工作和生活的各个方面，相信读者阅读后都能大有裨益。

杨泽宇

网易财经智库主编

经济学家姚洋老师撰写的通俗读本深入浅出，能让人在某一瞬间醍醐灌顶，触类旁通，始有廓大之象。就像郭靖最初习武不得要领，进展缓慢，直至学了内功心法后才于武学一道登堂入室，一通百通。姚洋老师的这本新作，其意正在于此。

张　涛

凤凰网副总编辑

今天我们处在一个巨变的时代。世界到底在往何处去？如何判断时代的特征？这是两个至关重要的问题。姚洋老师在《经济学的意义》中认为，经济学可以帮助人们更理性地看待世界，不走极端。这种精神气质，对今天的人们来说，是非常需要和弥足珍贵的。

赵灵敏

国际问题专栏作家

《南风窗》前执行主编